세상에 대하여
우리가
더잘 알아야 할
교양

60

지은이 소개

지은이 양서윤

서울에서 태어나 자랐고 한국외국어대학교에서 영어와 스페인어를 공부했습니다. 초등학교에서 영어를 가르치다가 국내에 알려지지 않은 사회, 과학적 문제를 접하고 관심을 가지게 되었습니다. 청소년에게 세계인의 다양한 시각을 알리고 싶어 글쓰기를 시작했습니다. 인간이 환경에 미친 영향과 이를 극복할 미래 기술에 관심이 많아 대학교수 등 다양한 분야의 전문가들과 함께 미래 이슈를 토론하고 공유하는 Whys에서 활동하고 있습니다. 청소년들을 위한 미래유망직업 20, 환경문제와 먹거리 위기. 민주 시민 디베이트 등 다양한 주제의 책을 출간할 예정입니다.

세 상에 대하여 우리가 더잘 알아야 할 교양

양서윤 지음

60

올림픽과 월드컵

개최해야 하나?

내인생의책

차례

※ 본문의 **굵은 글씨**로 표시된 단어는 119페이지 용어 설명에서 찾아보세요.

2018년 2월, 평창에서 동계올림픽이 개최되었습니다. 평창은 전 세계 93개국 3천 명의 선수가 참가하여 역대 최대 동계올림픽 개최지가 되었죠. 대회 규모뿐 아니라 남북한 여자하키 단일팀 출전으로 세계의 주목을 받았어요. 남한과 북한이 한 팀을 이루어 경기하는 모습을 통해 전 세계 사람들에게 평화의 메시지를 전했습니다. 이처럼 성공적인 평창 올림픽의 이면에는 감추기 힘든 문제가 있습니다. 동계올림픽을 위해 스키장으로 개발한 가리왕산이 환경 파괴 문제로 논란이 되고 있는 것입니다.

동계올림픽의 꽃은 스키 활강 종목입니다. 활강 종목 선수들은 해발 2000미터가 넘는 산에서 눈 위를 질주합니다. 산악지대에서 열린 소치와 밴쿠버 올림픽 스키 활강 경기는 기존에 만들어져 있던 스키장에서 치렀어요. 하지만 우리나라는 국제스키연맹의 기준에 부합하는 시설을 갖춘 스키장이 없었습니다.

강원도는 "모든 경기장을 평창 알펜시아에서 30분 이내에 위치시키겠다."

는 조건을 내걸고 남한에서 아홉 번째로 높은 정선의 가리왕산을 활강 경기장으로 제시했어요. 하지만 가리왕산은 조선 세종 때부터 500년간 민간인들의 출입과 벌채를 금지해 온 산입니다. 주목, 금강초롱과 같은 희귀 식물이 가득한 가리왕산은 산나물 채취까지도 금한 환경보호구역이죠. 그래서 2011년 평창 동계올림픽 유치가 확정된 이후, 가리왕산 스키장에 대한 논란은 끊이지 않았습니다.

그 와중에 국제올림픽위원회(IOC)는 올림픽 개최 최우선 원칙이었던 1국가 1도시 개최 원칙을 철회했어요. 이 말은 스키장 건설을 굳이 가리왕산에 건설할 필요가 없게 되었다는 뜻입니다. 환경 단체는 가리왕산 대신 동계 유니버시아드 대회가 벌어진 무주의 시설을 재활용하자고 제안했습니다. 그러나 정선 가리왕산 스키장 건설이 강행되었어요.

가리왕산 개발 면적은 78헥타르로 국제 규격 축구장 110개 정도 넓이입니다. 평창 올림픽에서 스키 경기는 8일 동안 치러졌습니다. 이 8일간의 대회를 위해 5만 그루의 나무가 사라졌어요. 게다가 경사가 가파른 가리왕산 스키장은 일반인이 사용하기에 위험합니다. 따라서 올림픽 이후에는 사용할 수가 없지요. 재활용이 불가능한 일회용 스키장을 위해 500년간 보호해 온 산을 파괴하게 된 것입니다. 평창 올림픽 조직위원회는 동계올림픽 직후 가리왕산 스키장의 원상 복구를 약속했습니다. 하지만 환경 복원을 위해 노력한다 해도 한번 파괴된 환경을 되살리기란 매우 어렵습니다.

올림픽 개최국의 환경 파괴는 비단 평창 올림픽만의 문제가 아닙니다. 2016년 리우데자네이루 올림픽은 골프장을 건설하며 아마존 열대 우림을 파괴했어요. 러시아의 소치는 동계올림픽을 위해 **국립공원** 내에 도로와 철도 공사를 했습니다. 이때 건설 폐기물 때문에 강이 오염돼 희귀종 연어를 비롯한 많은 물고기가 집단 폐사했습니다. 밴쿠버는 동계올림픽을 개최하면서 고속도로를 만드느라 원시림을 파괴했습니다. 10만 그루의 나무를 잘라 흑곰의 서식지를 없애며 생태계에 재앙을 일으켰죠.

이처럼 지구의 스포츠 축제 이면에는 어두운 그림자가 있습니다. 환경 파괴뿐 아니라 적지 않은 정치, 경제, 사회 문제가 거대 스포츠 행사 뒤에 가려져 있어요. 정말 올림픽과 월드컵은 세계 평화와 경제 발전에 도움이 되는 축제일까요? 우리가 생각하고 있는 것처럼 순수하고 공정한 행사로 이루어지고 있을까요? 승리의 환호 뒤에 감춰진 스포츠 행사의 이면을 살펴봅시다.

CHAPTER

1

올림픽의 민낯

고대 올림픽은 전쟁 중단을 위한 명분으로 출발했습니다. 여성들은 고대 올림픽은 물론이고 근대 올림픽에서도 차별받았어요. 근대 올림픽에서는 인종차별 문제도 있었습니다. 이밖에도 화려한 스포츠 축제에 가려진 또 다른 어두운 그림자가 있습니다.

화합,

친목, 평화를 위한 세계인의 스포츠 축제인 올림픽. 고대 아테네는 올림픽 기간에는 전쟁을 멈추고 평화로운 대회를 열었다고 알려져 있습니다. 그러나 고대 올림픽은 전쟁을 중단하기 위한 그럴듯한 명분으로 출발했어요.

▌ 고대 올림픽 기념우표.

고대 그리스는 아테네, 스파르타, 테베 등 여러 도시국가로 이루어져 있었습니다. 기원전 776년을 전후로 그리스는 쇠퇴합니다. 반복되는 전쟁과 전염병 때문에 그리스 전체가 도탄에 빠졌어요. 이때 도시국가 중 하나인 엘리스의 이피테스는 전쟁을 피하고, 그리스의 단합을 꾀하고자 한 가지 제안을 내놓습니다. 다른 도시국가들도 오랜 전쟁 끝에 많이 지쳤을 테니 적당한 명분을 내세우면 휴전에 돌입할 수 있겠다는 속셈이었죠. 이피테스는 신에게 제사를 지내는 올림피아제를 명분으로 내세웠습니다. 그는 당장 전쟁을 중지하고 올림피아제를 열라는 신의 계시가 있었다며 스파르타를 설득합니다. 제우스의 뜻을 받들어 제사를 지내는 동안만큼은 전쟁을 중단하자고 주장했어요. 전쟁으로 시달리던 스파르타 역시 못 이기는 척 이를 받아들였습니다. 그리하여 기원전 776년, 4년 주기의 올림픽이 시작되었어요.

불공정한 고대 올림픽

고대 그리스를 민주주의의 출발점이라 부르는 사람들이 많아요. 하지만 잘 살펴보면 고대 그리스의 민주주의는 지금과는 많이 다릅니다. 노예 계급은 일반 시민보다 지위가 낮아 정치 참여가 불가능했어요. 여성 역시 노예처럼 지위가 낮아 정치에 참여할 수 없었지요. 여자와 노예는 투표할 권리가 없고, 교육을 받지 못했으며, 재산을 가질 수 없었죠. 그리스의 정치는 계급이 높은 일부 남자들만 참여가 가능했고, 올림픽 역시 마찬가지였습니다.

알몸으로 진행되는 올림픽 경기에 여자선수는 참가할 수 없었어요. 심지어 결혼한 여자는 부정하다고 여겨 경기 구경조차 못하게 했습니다. 당시 순결하다고 인식된 처녀만 관중으로 입장이 가능했지요. 만약 결혼한 여자가

▌ 고대 올림픽이 열렸던 그리스의 옛 경기장.

몰래 올림픽 경기를 관람하면 티파에움이라는 절벽에서 거꾸로 떨어뜨리는 사형에 처했습니다. 이런 내용은 당시 엘리스의 법에 표시되어 있을 정도입니다. 이처럼 고대에는 남녀와 계급, 결혼 여부에 따라 올림픽 참가가 엄격하게 구분되었습니다.

올림픽의 아버지, 쿠베르탱의 두 얼굴

근대 올림픽을 부활시켜 '올림픽의 아버지'로 불리는 쿠베르탱 남작. 하지만 그는 고대 올림픽의 차별적인 내용을 그대로 계승하려 했습니다.

"우월한 인종인 백인종에게 다른 모든 종족은 충성을 바쳐야 한다."

"세상에는 두 종류의 종족만 있을 뿐이다. 하나(백인종)는 솔직한 시선에 강한 근육을 지니고, 자신감에 찬 행동을 하는 종족이고, 또 하나(유색인종)는 병

색이 가득하고 비굴하며, 체념한 얼굴에 패배한 표정을 하고 있는 종족이다."

"여자들이 참여하는 올림픽은 흥미 없고, 아름답지 않으며, 무례한 일이다."

쿠베르탱이 자신의 저서 《영국 교육》에 쓴 말입니다. 쿠베르탱은 백인 남성만이 우월하다고 생각한 인종차별주의자이며 성차별주의자입니다. 그는 근대 올림픽을 백인 남성의 우월성을 표현하기 위한 대회로 시작했어요. 제1회 아테네 올림픽에 백인 남자들만 참여한 것은 잘 알려지지는 않았지만, 사실입니다. 여성들은 제2회 올림픽부터 선수로 출전할 수 있었습니다.

페어플레이에 대한 쿠베르탱의 다음 어록을 보면 그의 두 얼굴을 엿볼 수 있습니다.

"재주가 뛰어나지 않더라도, 꾸준하게 노력한 사람은 반드시 성공을 거두게 된다."

"노력해 보지도 않고 어차피 해 봐야 안 된다고 생각하는 것처럼 바보짓은 없다."

"근대5종 경기를 하는 사람은 승리를 하든 못 하든 우수한 만능 스포츠맨이다."

히틀러와 쿠베르탱의 공생 관계

쿠베르탱의 인종차별적인 성향은 히틀러를 만족시켰습니다. 히틀러는 게르만인이 우수한 종족이라고 노골적으로 주장하며 유대인을 차별했지요. 하지만 대외적으로는 유대인 차별 의도를 감추었어요. 히틀러는 올림픽을

통해 평화를 사랑하는 강력한 지도자로 등극하고자 했습니다. 하지만 올림
픽을 개최하면서도 다른 한편으로는 전쟁 준비를 하는 나치에 항의하려는
나라들은 올림픽 **보이콧** 운동을 벌였어요. 그러나 국제올림픽위원회(IOC)는
이를 외면했어요. 히틀러는 게르만인이 고대 그리스인과 비슷하다고 주장하
며 베를린 올림픽을 나치 선전용 행사로 이용했습니다. 1936년 제11회 베를
린 올림픽 개회식에서는 운동장의 모든 선수들이 오른손을 번쩍 들어 올리
는 나치식 경례를 하는 기괴한 일도 연출이 되었어요.

 나치 정부는 국력을 과시하기 위해 처음으로 그리스에서부터 출발하는
성화 봉송을 시작했어요. 베를린 올림픽은 거대한 나치 깃발이 펄럭이는 주
경기장에서 성화를 맞이하며 화려하게 개막식을 진행했습니다. 특정 인종이
우월하다는 나치의 세계관에 쿠베르탱이 창안한 올림픽이 큰 기여를 한 셈
이죠. 쿠베르탱은 베를린 올림픽을 '생애의 역작'으로 평가했고, 베를린 올림
픽 폐막 직후 다음과 같은 글을 남겼어요.

 "올림픽이 너무나 왜곡됐다고요? 정치 선전을 위해서 올림픽의 이념이 이용

됐다는 말씀들을 하시는 건가요? 전적으로 틀린 말씀입니다! 베를린 올림픽의 성대한 성공으로 말미암아 올림픽의 이상은 더욱 숭고해졌습니다. 이렇게 개최국의 국민이 자신들의 의도에 따라 4년 동안 공들이고 계획한 대로 올림픽이 성사된다는 건 정말 바람직한 일입니다."

– 〈르 주르날(Le Journal)〉, 1936년 8월 27일자.

히틀러는 그 답례로 쿠베르탱을 노벨평화상 후보로 추천합니다. 물론 이는 히틀러 추천이라는 이유로 거절되었죠. 베를린 올림픽이 막을 내린 지 3년 후, 히틀러는 본색을 드러내고 폴란드를 침공하며 제2차 세계대전을 발발시킵니다.

올림픽의 인종차별 행사

지금은 올림픽에 여러 대륙의 다양한 민족이 참여하는 게 당연하죠. 그러나 아이러니하게도 오히려 인종차별 정책 때문에 여러 인종이 올림픽에 참여하게 됐다는 사실을 알고 있나요? 1904년 제3회 세인트루이스 올림픽은 처음으로 아메리카 대륙에서 열린 올림픽입니다. 쿠베르탱은 유럽이 아닌 미국에서 열리는 올림픽의 인기가 떨어질까 봐 고민했습니다. 그는 관중을 동원하기 위해 처음으로 올림픽에 유색인종을 참가시키는 묘안을 짜내죠. 하지만 황색인과 흑인은 백인과 동일한 경기가 아닌 구경거리용 경기에만 참가했어요. 관중들은 운동경기를 처음 접하는 아프리카, 일본, 필리핀 원주민의 진흙탕 싸움이나 장대높이 경기를 관람하며 그들을 조롱했습니다. 그런데 어이없게도 이것이 올림픽에 유색인종이 참여하는 계기가 되었던 것이죠.

알아 두기 부패한 로마 시대 올림픽

로마가 그리스를 지배하며 올림픽의 모습도 변질되었어요. 도시국가였던 그리스와 달리 로마는 황제가 지배한 나라입니다. 황제에게 절대 복종하지 않는 국민은 처벌됩니다. 67년, 로마 황제 네로는 500명이 넘는 로마 군인들과 전차를 이끌고 그리스 올림픽에 출전했어요. 네로는 대부분의 종목에서 우승했으며, 머리에 올림픽 승자의 상징인 월계수관을 썼지요. 이때 심판관들은 무려 1,808개에 달하는 상을 네로에게 수여했습니다. 어떻게 그렇게 많은 상을 받게 되었을까요? 로마 황제와 겨뤄 이긴다는 것은 곧 죽음을 의미했으므로 선수들이 알아서 황제에게 져 주었기 때문입니다. 황제뿐 아니라 선수가 심판을 매수하여 결과가 조작되는 일도 벌어졌습니다.

사례탐구 공포의 무솔리니 월드컵

올림픽과 월드컵 같은 대형 스포츠 대회는 국가 이미지를 포장하고 국력을 과시하기에 좋은 기회입니다. **파시즘**을 앞세운 이탈리아의 독재자 무솔리니는 이탈리아의 국력을 과시하기 위해 월드컵을 이용했어요. 1934년 제2회 월드컵을 개최하게 된 무솔리니는 이탈리아가 세상에서 가장 강한 나라라고 선전하고 싶었습니다. 그는 경기 내내 파시즘을 홍보하고 월드컵에서 우승하기 위해 온갖 방법을 동원했지요.

무솔리니는 이탈리아 팀에게 "우승하지 못하면 사형"이라며 협박을 했습니다. 동시에 상대 팀 라커룸에 총으로 무장한 군인을 배치해 공포 분위기를 조성했어요. 그는 1회 월드컵에서 활약한 아르헨티나의 선수 두 명을 강제로 이탈리아에 귀화시켰어요. 그뿐만 아니라 심판이 공정하지 않다는 판정 논란도 일었습니다. 결국 이탈리아는 월드컵에서 우승했으나 무솔리니의 지나친 간섭으로 구설에 올랐어요. 이탈리아의 체제 선전장으로 전락했던 월드컵은 이후 히틀러의 베를린 올림픽에 큰 영향을 끼쳤습니다.

한편, 당시 독일은 4강에서 체코슬로바키아에 패배했는데요. 히틀러는 결승에 진출하지 못한 책임을 물어 선수들 모두를 다 구속했습니다. 이탈리아 월드컵은 한마디로 '공포의 월드컵'이었죠.

- 고대 올림픽은 여성과 노예를 제외한 일부 남성들만 참여할 수 있었다.
- 쿠베르탱은 백인이 다른 인종에 비해 우월하며, 여성들의 올림픽 참여는 무례한 일이라고 주장했다.
- 히틀러는 나치 이념을 선전하는 베를린 올림픽을 열었는데, 그 바탕에는 쿠베르탱의 인종차별 의식이 있었다.
- 제3회 올림픽에서는 재미 삼아 유색인종을 올림픽에 참여시켜 웃음거리로 삼았다. 하지만 이 사건은 훗날 올림픽에 유색인종이 참여하는 계기가 되었다.
- 이탈리아의 독재자 무솔리니는 월드컵에서 우승하기 위해 수단과 방법을 가리지 않았다.

2
CHAPTER

방송사가 바꾸는 경기

스포츠 경기의 시청률은 매우 높습니다. 방송사는 천문학적인 경기 중계권료를 IOC 나 FIFA에 지불하고 대회를 중계하며 권력을 휘두르죠. 시청률에 따라 경기 시간이 정해지고, 경기 규칙이 바뀝니다. 심지어 시청률이 나오지 않는 종목은 퇴출 위기에 놓여요. 선수들을 위한 경기가 아닌, 방송을 위한 경기를 계속해도 좋을까요?

평창 올림픽에서 모든 피겨 스케이팅 경기는 오전 10시부터 진행되었습니다. 선수들은 불만을 표했어요. 오전 10시에 경기하려면 새벽 4시나 5시에 일어나야 해서 컨디션 조절이 어렵기 때문이죠. 하지만 경기 시간은 변경되지 않았습니다. 바이애슬론 경기도 주로 밤 8시에서 10시 사이에 열렸습니다. 지구력과 집중력이 중요한 바이애슬론은 낮에 치러야 하지만 평창에서는 한밤중에 열린 셈입니다. 왜 이런 일이 벌어졌을까요? 미국의 방송사 NBC가 올림픽 경기 시간을 정했기 때문이에요. 도대체 어떻게 한 나라의 방송국이 세계적인 행사인 올림픽의 경기 시간을 좌지우지할 수 있을까요?

이상한 경기 시간의 비밀

올림픽에서 미국 NBC 방송사의 영향력은 실로 막강합니다. 어떻게 미국 방송사 단 한 곳이 올림픽의 중요 사안을 결정하는 힘을 거머쥐게 되었을까요? 바로 방송 **중계권료** 때문입니다. IOC 수입의 약 70%는 방송 중계권료입니다. NBC 방송사 한 곳에서 세계의 다른 모든 방송사에서 내는 돈을 합친 것보다 더 많은 금액을 IOC에 지불합니다. 방송 중계권료 외에 IOC 전체

수입 가운데 나머지는 코카콜라, 인텔, 삼성과 같은 월드와이드 파트너 등이 지불해요.

NBC는 2018년 평창 올림픽 중계권을 따내기 위해 9억 6천3백만 달러, 우리 돈으로 약 1조 440억 원을 지불했습니다. 평창과 도쿄, 두 차례의 올림픽을 위해 NBC가 내놓은 돈은 약 2천616억 원. IOC가 두 대회에서 예상하는 중계권 수입은 4천445억 원 정도이니 약 60%의 금액을 NBC에서만 받는 격입니다. 사정이 이렇다 보니 IOC는 주요 수입원인 NBC의 의견을 무시하지 못해요.

NBC는 유럽과 미국에서 인기 높은 종목을 그 나라들의 **시청률** 높은 시간대에 배치했어요. 평창 올림픽에서 알파인 스키는 오전 11시, 하키는 낮 12시, 피겨 스케이팅은 오전 10시에 배정되었는데요. 모두 북미와 북유럽에서는 시청률이 높은 저녁 시간입니다. 미국 동부는 우리나라보다 14시간이 늦으므로 미국인들이 저녁 8시부터 자정 전까지 시청할 수 있도록 경기 시간을 맞춰 준 것이지요.

올림픽 시청률이 높으면 방송국은 광고료를 많이 받습니다. NBC 방송사는 자사의 광고 수입 때문에 경기 시간을 조종해요. 선수들이 최상의 컨디션으로 경기를 치를 수 있도록 경기 시간을 정해야 하는데, 오히려 방송사의 이윤이 일차적으로 고려되는 것입니다. 이미 IOC에 막대한 중계권료를 지불한 NBC는 지출을 메꾸기 위해 광고 수익에 매달립니다. 운동선수의 경기 여건보다 방송사의 이익이 우선시되는 올림픽 경기. 이상한 경기 시간의 비밀은 NBC의 엄청난 영향력이었던 것이죠. 참고로 NBC가 2014년 소치 동계올림픽, 2016년 리우데자네이루 올림픽, 2018년 평창 동계올림픽, 2020년 도쿄 올림픽 등 4개 대회의 중계권료로 지불한 돈은 41억 달러(약 5조 원)입니다.

88 서울 올림픽

미국의 NBC 방송사의 경기 시간 변경 요구는 오래전부터 있었습니다.
NBC는 1988년 서울 올림픽에서 방송 중계료의 75%를 지불했습니다. 그래
서 서울 올림픽도 경기 시간을 미국인들이 텔레비전을 가장 많이 보는 시간
대에 맞춰야 했어요.

알아 두기 서머타임

'일광절약시간'이라고도 불리는 서머타임은 여름철에 표준시보다 1시간 시계를 앞
당겨 놓는 제도입니다. 그러니까 아침 8시를 7시로 바꾸어 하루를 일찍 시작하는
거예요. 여름에는 해가 일찍 뜨기 때문에 에너지 절약을 위해 시작했습니다. 미국
과 캐나다는 물론 유럽, 호주 등 약 70개국에서 서머타임을 실시합니다.

그러나 일찍 자고 일찍 일어나는 생활을 주장하는 서머타임은 사람들의 건강에 좋
지 않은 영향을 미칠 수 있어요. 실제로 서머타임 시행 이후 약 1~3주 동안이나 생
체리듬이 깨진다고 합니다. 서머타임이 심장에 좋지 않은 영향을 준다는 2008년
〈뉴잉글랜드 의학저널〉의 연구 결과도 있습니다.

우리나라에서는 서울 올림픽을 위해 1987년과 1988년 서머타임 제도를 실시했어
요. 국제 경기를 앞두고 서양 선진국들의 제도를 따라 한 것이죠. 하지만 생활 리듬
을 깨뜨린다는 불만이 많았어요. 우리나라 전 국민의 생활 리듬을 바꾼 2년간의 서
머타임은 올림픽 직후 폐지되었습니다. 이후 우리나라는 지금까지 서머타임을 시
행하지 않고 있어요.

서울 올림픽 남자 100미터 육상 경기는 세기의 대결이라 불렸습니다. 미국의 육상 황제라 불리는 칼 루이스와 세계기록을 보유한 벤 존슨, 두 사람의 대결은 올림픽 전부터 큰 화제였어요. NBC는 남자 100미터 육상 결승전 시간을 미국에 맞춰 한국 시각으로 오전 11시에서 오후 1시 사이로 편성해 달라고 요구했습니다. 그 시각은 미국에서 방송사의 광고 수익이 가장 높은 이른바 프라임 타임입니다.

국제육상경기연맹 회장인 프리모 네비올로 회장은 이를 거절했어요. 네비올로 회장은 선수의 경기력을 고려하면 아무리 빨라도 오후 3시 이전에는 불가능하다고 했죠. 여름 낮 시간은 육상 경기를 하기에는 너무 덥기 때문입니다. 프라임 타임 광고 수익으로 1억 달러, 우리 돈으로 1천억 원 이상을 벌어들일 수 있는 NBC는 필사적으로 네비올로 회장을 설득했습니다. 결국 남자 100미터 결승전은 낮 1시 30분, 그러나 한국은 서머타임을 적용하고 있었기 때문에 실제로는 낮 12시 30분에 치러졌습니다. 미국 서부 시간 밤 8시 30분에 열린 칼 루이스와 벤 존슨의 대결을 독점 생중계한 NBC는 높은 수익을 올렸습니다. 하지만 이를 대가로 NBC 측에서 네비올로 회장에게 2천만 달러의 뇌물을 주었다는 폭로가 있었습니다. 1992년 발간된《올림픽의 귀족들》이란 책을 통해 이 같은 사실이 세상에 밝혀졌습니다. 1996년 애틀랜타 올림픽 기간에 미국 잡지〈애틀랜타 저널〉도 이 사건을 보도했습니다.

재미없는 종목은 퇴출

레슬링은 올림픽과는 떼려야 뗄 수 없는 종목입니다. 육상, 멀리뛰기, 원반던지기, 창던지기, 레슬링 등의 5종 경기는 기원전 708년부터 시작된 유서

깊은 종목입니다. 또한 마지막 고대 올림픽인 제293회 올림픽까지 꾸준히 진행된 경기예요. 레슬링의 역사는 3천 년이 넘으며, 근대 올림픽에서도 2회 대회를 제외하고 한 번도 빠지지 않고 열린 몇 안 되는 종목입니다.

하지만 2013년, 레슬링은 올림픽에서 퇴출당했습니다. IOC 집행위원회는 비인기 종목이라는 이유로 레슬링을 정식 종목에서 제외했어요. 레슬링 경기가 지루하다며 퇴출되자 레슬링 선수를 비롯한 많은 사람들이 충격을 받았습니다. 올림픽의 전통과 역사에서 가장 중요한 종목이 단지 인기가 없다는 이유만으로 사형 선고를 받았기 때문이에요.

레슬링은 농구, 골프, 테니스와 달리 프로 선수가 없는 순수한 아마추어 스포츠입니다. 따라서 팬이 적고, 시청률이 낮습니다. 이런 사정에도 IOC는

▌ 비인기 종목이라는 이유로 2013년 올림픽에서 퇴출당했다가 회생한 레슬링 종목.

인기를 택하고 스포츠 정신을 헌신짝처럼 저버렸습니다. 레슬링 선수들은 갑자기 대회가 사라져 갈 곳을 잃었고, 많은 사람들은 **상업주의**에 물든 올림픽을 비난했어요. 전 세계적으로 비난 여론이 거세지자 레슬링은 퇴출 7개월 만에 다시 정식 종목으로 채택되었습니다. 하지만 어느 종목이라도 인기가 사라지면 올림픽에서 퇴출될 수 있다는 충격은 아직까지도 남아 있습니다.

베이징 올림픽에서 우리나라에 금메달을 안겨 준 야구. 야구 역시 2008년 베이징 올림픽 이후 정식 종목에서 제외되었습니다. 야구는 미국, 한국, 일본 등 몇 나라에서만 사랑받고 영국과 프랑스 등 유럽에서는 인기가 없어요. 게다가 가장 인기 있는 미국 메이저리그의 야구 선수들이 올림픽 참가를 거부했지요. 메이저리그에서 거액의 연봉을 받는 선수들은 명예를 중시하는 올림픽을 대수롭지 않게 여깁니다. 더구나 올림픽 경기 일정은 미국의 메이저리

사례탐구 올림픽 시청률, 얼마나 높을까?

평창 동계올림픽 개회식은 전 세계적으로 3억 명이 시청했으며, 한국에서는 1천만 명이 보았습니다. IOC는 세계적으로 50억 명이 평창 동계올림픽을 시청한 것으로 추정했어요. 소치 올림픽과 비교해도 러시아에서는 90% 이상, 독일에서는 50% 이상 시청률이 올랐습니다. 유럽은 시차 때문에 방송 시간대가 그리 좋지 않았는데도 평창 올림픽은 인기가 높았습니다.

또한 NBC는 평창 올림픽 개막 후 9일간 비디오 스트리밍 시청 횟수가 13억 건을 돌파했다며 소치 때 4억 2천만 건보다 많다고 소개했습니다.

그 시즌과 겹치기까지 합니다. 야구 팬들은 올림픽 대신 실력이 높은 프로들이 경쟁하는 메이저리그 경기를 시청할 테니 올림픽 야구는 인기가 있을 수가 없지요.

2020년 올림픽을 개최하는 도쿄는 야구의 인기가 높아요. 그래서 도쿄 올림픽에서만 야구 종목을 부활시켰어요. 하지만 2024년 프랑스 파리 올림픽에서 야구의 운명이 어찌 될지는 알 수 없습니다. 프랑스에서는 야구의 규칙도 잘 모를 만큼 인기가 없거든요.

이뿐 아니라 다른 종목도 개최국의 사정과 인기도에 따라 올림픽에 생겼다가 사라졌다가 합니다. 태권도 역시 힘겹게 퇴출 위기를 벗어났습니다. 올림픽 창시자 쿠베르탱은 "올림픽 대회의 의의는 승리하는 데 있는 것이 아니라 참가하는 데 있으며, 인간에게 중요한 것은 성공보다 노력이다."라고 했지만, 그런 올림픽의 개최 의의는 퇴색된 지 오래입니다. 지금은 보다 인기 있고, 시청률이 잘 나오는 종목이 올림픽을 좌우합니다. 마치 흥행이 중요한 서커스처럼 말이죠.

재미있어질 때까지 룰이 바뀐 양궁

대한민국은 명실공히 양궁 세계 1위의 나라입니다. 우리 국민은 올림픽이 열릴 때마다 양궁의 경기 규칙을 세심하게 살펴봅니다. 1931년 세계선수권대회에서 정한 경기 규칙이 계속 바뀌기 때문입니다. 양궁의 경기 규칙이 TV 시청률이 얼마나 나오느냐에 따라 끊임없이 바꾸고 있어요.

서향순 선수가 금메달을 딴 1984년 미국 로스앤젤레스 대회까지는 총 합산 점수를 계산하는 '더블 피타 라운드' 방식이었습니다. 선수 입장에서는 경

▍양궁은 TV 시청률을 높일 목적으로 경기 규칙이 자주 바뀌었다.

기 도중에 실수를 해도 만회할 기회가 있었죠. 하지만 관중은 좀처럼 이변이 없는 경기에 지루함을 느꼈습니다. 1988년 올림픽에서는 토너먼트제를 도입해 중간에 선수를 탈락시켰지만, 여전히 양궁의 인기는 낮았습니다.

1992년 바르셀로나 올림픽에서는 일대일 경기로 바뀌어 한 번만 지면 탈락하는 '올림픽 라운드' 방식이 시작되었습니다. 12발의 화살을 쏘는 경기에서 단 한 발이라도 실수하면 바로 떨어질 수도 있는 방식입니다. 올림픽 라운드 방식이 시작되자 이변이 속출하고 스릴이 높아졌어요. 2010년부터는 세트제 경기로 바뀌었습니다. 개인전은 3발씩 5세트제로 진행되며, 이기면 승점 2점, 비기면 1점을 부여해 세트 점수에 의해 역전이 불가능하며 중간에 경기가 끝납니다. 경기 진행 속도가 더 빨라졌고, 이변 가능성도 더 높아졌어요.

경기 방식을 바꾸면서 양궁의 TV 시청률은 높아졌지만, 선수들은 바뀐 방식에 적응하기가 여간 어렵지 않았죠. 선수들의 경기력보다 광고 수익이 경기 규칙을 결정하는 올림픽. 비단 양궁뿐 아니라 태권도와 같은 다른 종목에서도 비슷한 일은 부지기수로 일어나고 있습니다.

보고 싶은 경기를 볼 수 없는 이유

평창 올림픽이 한창이던 2018년 2월, TV를 틀면 KBS, MBC, SBS 3개 방송국에서 똑같은 종목만 흘러나왔습니다. 방송 3사는 한국 선수가 출전하는 쇼트트랙, 컬링, 스피드 스케이팅과 같은 경기만 동시에 중계했죠. 같은 시각에 경기하는 알파인스키나 아이스하키 등 다른 종목은 볼 수 없었습니다. 다른 나라 선수만 나오거나, 우리나라의 메달 획득 가능성이 낮은 종목은 아예 중계하지 않았어요.

집중탐구 프로와 아마추어

아마추어는 어떤 일을 본업으로 하지 않으면서 그 일을 좋아하고 취미로 즐기는 사람을 말해요. 예를 들어 낮에는 직장을 다니고 저녁이나 주말에 운동을 즐기는 사람이 아마추어 선수입니다. 프로는 어떤 일에 전문가로서, 그 일로 돈을 버는 사람이에요. 따라서 프로 스포츠는 보여 주기 위한 경기이며, 사람들이 경기를 보며 즐기는 오락의 하나라고 할 수 있어요. 프로와 아마추어의 차이는 경기를 하는 목적이 돈을 벌기 위해서인가, 아니면 순수하게 경기를 즐기기 위해서인가로 구분돼요.

스키와 바이애슬론에서 세계적으로 유명한 선수들이 출전했지만, 이들의 모습을 TV에서는 좀처럼 볼 수 없었어요. 채널 선택권을 빼앗긴 사람들은 다른 종목 경기를 보려고 해외 스포츠 사이트를 찾아다녔지요. 이러한 겹치기 편성 문제는 월드컵, 올림픽 등 대형 스포츠 행사마다 반복됩니다.

방송사들이 중복 편성을 하는 이유는 비용 때문입니다. 지상파 방송 3사는 평창 동계올림픽 중계권 확보를 위해 약 350억 원을 서로 분담했어요. 방송사들은 중계권을 따내기 위해 막대한 예산을 들였기 때문에, 흥행할 만한 경기를 중계해 광고 판매 실적을 높이려고 합니다. 방송통신위원회는 방송 3사에 올림픽 경기 중복 편성을 자제해 달라는 권고 사항을 전달했습니다. 하지만 지켜지지 않았어요. 오히려 시청률 경쟁을 위해 유명한 경기 해설자를 경쟁적으로 섭외했죠. 똑같은 경기이지만 옆 방송국보다 우리의 중계가 더 재미있다고 선전했습니다. 결국 시청자들은 비인기 종목의 경기를 보고 싶어도 볼 수가 없었어요.

전문가 의견

프로 복서와 아마추어 복서가 싸우는 것은 명백한 범죄다. 젊고 재능 있는 아마추어 복서의 경력은 물론이고 목숨까지 위험해지기 때문이다.

— 세자르 차베스 프로 복싱 3체급 석권

사라진 아마추어 정신

올림픽은 80년 넘게 아마추어 선수를 위한 대회였습니다. 만약 프로 선수가 몰래 올림픽 메달을 따면 메달을 취소하고 선수 자격을 박탈했어요. 하지만 1988년 서울 올림픽부터 테니스를 비롯한 일부 종목에서 프로 선수의 출전이 허용되었어요. 1992년 바르셀로나 올림픽에서는 미국 프로 농구 NBA 선수들과 만 23세 이하 프로 축구 선수들이 올림픽에 참가했습니다. 일부 종목은 아마추어만 참가하지만, 야구와 골프처럼 프로 선수들의 참가 제한이 전혀 없는 종목도 있어요.

오랫동안 아마추어 경기를 유지해 왔던 IOC가 프로 선수들도 참가할 수 있도록 한 이유는 무엇일까요? 1988년, IOC 위원장인 사마란치는 올림픽을 장기적인 관점으로 보면 재정의 향상이 필수 과제라고 주장했습니다. 그는

사례탐구 인기 종목과 비인기 종목

모 방송국의 올림픽 중계시간을 보면 인기 종목과 비인기 종목의 차이를 쉽게 알 수 있어요. 총 127시간의 중계시간 중 축구, 농구, 배구, 비치발리볼과 같은 인기 종목은 약 47시간을 차지합니다. 하지만 수영, 승마, 요트, 조정, 사이클, 육상, 다이빙 등 인기가 적거나 우리나라 선수들이 두각을 드러내지 못하는 종목은 21시간만 방송했어요. 특히 축구 한 종목은 20시간이나 중계되어서 위의 비인기 7종목을 합친 시간과 거의 비슷합니다. 방송사는 광고 수익을 위해 인기 있고 메달 가능성이 있는 종목만 편성하고, 시청자는 선택권을 빼앗긴 채 인기 경기만 보게 됩니다.

NBC는 평창 올림픽 개막식 생중계 도중 해설자의 망언으로 구설에 올랐습니다. 조슈아 쿠퍼 라모는 개막식에서 일본 선수단이 등장하자 "일본이 1910년부터 1945년까지 한국을 강점했던 국가지만, 모든 한국인은 발전 과정에 있어 일본이 문화 및 기술, 경제적으로 중요한 모델이 됐다고 말할 것"이라는 발언을 했어요.

식민 지배를 미화한 라모의 발언에 국내외적으로 비난 여론이 일었습니다. 평창 올림픽 조직위원회도 NBC에 강력하게 항의했어요. 또한 라모가 사외이사로 근무하는 스타벅스에 대한 불매운동도 전개되었습니다. NBC는 뒤늦게 라모를 해고했고, 라모는 트위터에 사과 메시지를 올렸습니다. 그러나 전 세계에 방송된 말을 주워 담을 수는 없는 일이죠.

공허한 올림픽 이념보다 스포츠 세계화에 기여하는 상업주의가 현실적인 선택이라고 보았죠. 사마란치 위원장의 뜻대로 올림픽에 프로 선수들이 등장하자 시청률이 치솟았어요.

방송 중계료와 광고 수익이 높아졌지만 부작용이 만만치 않았어요. 아마추어 선수는 프로 선수에게 경쟁 상대가 되지 않기 때문입니다. 당연한 결과이지만, 프로 선수들이 메달을 휩쓸었어요. 처음 IOC가 설립될 때 올림픽 정신을 강조하며 정치·경제적으로 독립된 스포츠 기구를 만들겠다는 애초의 취지가 빛바래진 것입니다. 올림픽의 상업화 속도는 점점 빨라져만 갔습니다.

프로 선수들이 올림픽 경기 흥행에 도움이 되자 복싱 종목에도 프로 선수가 참가할 수 있게 해야 한다는 의견이 나왔습니다. 복싱은 경기 특성상 선수의 안전이 굉장히 중요한 스포츠입니다. 복싱 관계자들이 앞 다투어 우려의 목소리를 냈으나, 결국 2016년 리우데자네이루 올림픽부터 프로 복싱 선수들이 참가했어요. 리우데자네이루 올림픽 당시 가장 유명한 프로 복서인 파퀴아오는 프로와 아마추어의 경기는 공정하지 않다며 올림픽 참가를 거절했습니다.

- IOC 수입의 약 70%는 방송 중계권료이며, 미국 NBC 방송국은 세계의 모든 방송국에서 내는 돈을 합친 것보다 더 많은 비용을 지불한다. 이것이 NBC가 IOC를 좌지우지하는 이유다.
- 방송사는 높은 중계권료 때문에 광고료를 많이 받을 수 있는 시청률 높은 시간대에 경기가 열리기를 원한다.
- 여러 올림픽에서 북미와 유럽에서 프라임 시간대에 맞춰 경기 시간이 조정 되었다.
- 고대 올림픽부터 정식 종목이었던 레슬링은 시청률이 안 나온다는 이유 로 올림픽 종목에서 퇴출되었다가 비난 여론이 일자 원상 복구되었다.
- 시청률이 낮았던 양궁은 경기가 재미있을 때까지 여러 차례에 걸쳐 경기 방식이 바뀌었다.
- 올림픽은 아마추어 선수를 위한 대회였으나, 대회 흥행을 위해 프로 선수 도 참여하도록 바뀌었다.

막강한 국제올림픽위원회(IOC)

국제올림픽위원회(IOC)의 위원들은 외교관에 맞먹는 권한을 누립니다. IOC는 올림픽의 모든 권리를 독점하고 높은 수익을 올리지만, 특별한 감사기구가 없습니다. IOC와 세계축구협회(FIFA)의 비리가 드러났습니다. 두 협회는 개최지 선정 과정에서 뇌물을 받은 혐의가 있습니다. IOC와 FIFA는 서로 상대편이 더 부패한 집단이라며 비난합니다.

국제올림픽위원회 (IOC: International Olympic Committee)는

1894년 쿠베르탱이 만든 기구입니다. IOC는 올림픽 개최지 선정, 종목 채택 등 올림픽과 관련된 행정적인 일을 하는 곳이에요. 스포츠에서 세계적으로 권위 있는 115명의 사람만 위원이 될 수 있습니다. IOC 위원은 보수를 받지 않는 명예직입니다. 하지만 외교관 이상의 대우를 받죠.

IOC 위원은 정부, 법인, 조직으로부터 자신의 활동을 간섭받지 않아요. 200곳이 넘는 IOC 회원국을 비자 없이 자유롭게 드나들 수 있습니다. 본인

전문가 의견

IOC 재정이 FIFA보다 훨씬 불투명하다. IOC 위원 정원은 115명이지만 45명만 스포츠와 관련 있고, 나머지 70명은 개인 자격으로 입성한 사람들이다. 세계의 왕자와 공주를 찾고 싶다면 IOC 위원들을 살펴보면 된다.

– 제프 블라터 전 FIFA 회장

은 물론 수행원까지 통관 절차 없이 출입국이 가능해요. IOC 위원이 방문하는 나라는 전용 리무진, 통역사, 안내요원을 제공하고, 그가 머무는 호텔에서는 IOC 위원 출신국 국기를 게양해야 합니다. 그뿐만 아니라 IOC 위원은 대통령과 총리 등 국가원수를 면담할 수 있습니다. 국제올림픽위원회는 올림픽 상표권과 방송 중계권 등 다양한 수익을 올리지만, 이를 감시하는 기구가 없기 때문에 수익을 어디에 사용하는지 알 길이 없습니다.

올림픽 기구의 독점권

국제올림픽위원회는 지적재산권을 비롯한 올림픽의 모든 권리를 독점합니다. 오륜기, 표어, 마스코트, 찬가, 성화 등 올림픽과 관련된 모든 제품과 상징을 IOC가 영구적으로 소유합니다. 올림픽 개최국조차 IOC의 허락 없이는 오륜기나 올림픽이라는 명칭조차도 공식적으로 사용할 수 없어요.

평창 동계올림픽 경기가 열린 강원도 평창과 강릉. 거리의 알림판에는 '평창'과 '빙상 경기'라는 말은 있지만, 올림픽이란 명칭은 찾아볼 수 없어요. 15곳의 경기장 중에서 올림픽이란 명칭이 들어간 경기장은 단 두 곳, 평창 올림픽 스타디움과 올림픽 슬라이딩센터뿐입니다. 나머지 경기는 강릉 아이스 아레나, 정선 알파인 스키장과 같이 올림픽이란 이름을 붙이지 못했어요. 강원도는 평창 지역경제 활성화를 위해 재래시장의 명칭을 '올림픽 시장'으로 변경하고자 했어요. 그러나 IOC의 거절로 이름을 바꾸지 못했지요. 사람들의 사랑을 받던 마스코트 수호랑과 반다비 역시 올림픽이 끝나면 사용할 수 없어요. 개최국에서 만든 마스코트라고 해도 사용권은 IOC에 있기 때문입니다. 국민들의 요청으로 강원도는 수호랑과 반다비를 강원도의 상징으로 사

▌ 국제올림픽위원회(IOC)는 오륜기, 표어, 마스코트, 찬가, 성화 등 올림픽과 관련된 모든 제품
과 상징을 영구적 · 독점적으로 소유한다.

용하고자 협의 중입니다. 그뿐만이 아니에요. 개회식에 나왔던 인면조와 음악도 IOC의 허락 없이는 쓰지 못해요. 이처럼 IOC는 올림픽과 관련된 모든

알아 두기 지적재산권

지적재산권은 지적 능력을 가지고 만들어 낸 창작물에 대한 권리입니다. 음악, 미술, 영화, 소설, 소프트웨어, 게임 등 문화 예술 분야의 창작물에 부여되는 저작권과 발명품, 상표, 디자인, 특허권, 상표권과 같은 산업재산권이 있습니다.

> **사례탐구** IOC를 거부한 노르웨이
>
> IOC의 무리한 요구 때문에 올림픽 개최가 무산된 적이 있어요. 2022년 동계올림픽을 추진하던 노르웨이에서 IOC가 정부에 요구한 문건이 발견되었습니다. IOC는 노르웨이 국왕과의 칵테일파티와 삼성 휴대전화 제공을 요청했습니다. 게다가 IOC 위원 전용도로와 전속 운전사를 요구한 것은 물론이고, IOC 위원들을 위해 교통신호를 인위적으로 조정해 달라고 했습니다. 이 문건이 공개되자 IOC 위원의 지나친 특권의식에 거부감이 퍼졌어요. 올림픽을 환영하던 노르웨이의 여론은 차갑게 식었습니다. 노르웨이 올림픽 위원회는 동계올림픽 유치 경쟁을 접었고, 2022년 동계올림픽은 베이징에서 열리게 되었습니다.

자산을 통제합니다.

올림픽 공식 파트너의 권력

올림픽 공식 파트너란 올림픽을 공식적으로 후원하는 기업을 말합니다. 올림픽 파트너는 올림픽의 후원을 책임지고 IOC와 올림픽 팀을 지원하는 대신, 올림픽과 관련된 마케팅 독점권을 갖습니다. 올림픽 기간 중 TV 광고, 옥외 광고, 홍보관 사용 등에 우선권이 있으며, 자사 제품을 대회 조직위원회에 우선적으로 납품할 권리도 가집니다.

올림픽 파트너는 광고에 대해 배타적 권리를 갖게 됩니다. 즉, 경쟁사의 동종 제품은 올림픽에서 광고를 할 수 없는 것이죠. 만약 어떤 콜라 회사가

올림픽 파트너라면, 다른 콜라 회사는 올림픽 방송이나 광고 시간에 절대로
나올 수 없어요. 다른 콜라 회사는 올림픽 팀을 후원해서도 안 되고, 올림픽
행사에 물품을 기부해서도 안 됩니다. 후원사의 콜라를 제외한 어떤 콜라도
올림픽 현장에 나올 수 없기 때문입니다. 런던 올림픽 때는 맥도날드, 비자카

THE WORLDWIDE OLYMPIC PARTNERS
PyeongChang 2018

2018년 평창 동계올림픽의 올림픽 공식 파트너들.

드, 코카콜라 등의 IOC 주요 후원사에 치외법권을 적용하는 특별법이 제정
되었습니다. 이 기업들의 상업적 이윤을 보장하기 위해 과감한 특별 규정이
시행되었죠.

올림픽 파트너들의 막대한 권리는 높은 후원금과 연결됩니다. 올림픽 파
트너의 후원금은 4년간 2천억 달러가 넘습니다. 갈수록 높아지는 후원금은
기업들에 부담입니다. 30년 넘게 올림픽 후원사였던 맥도날드는 평창 올림픽
을 마지막으로 올림픽 후원 계약을 취소했어요. 그 외 버드와이저 맥주, 힐
튼 호텔, 시티은행도 올림픽과 이별했습니다.

솔트레이크시티 올림픽 스캔들

우리나라에서는 쇼트트랙 김동성 선수를 상대로 할리우드 액션을 취한 안톤 오노의 사건으로 기억되는 솔트레이크시티 동계올림픽. 제19회 솔트레이크시티 동계올림픽은 IOC 뇌물 사건으로 더 유명합니다. 동계올림픽 유치에 한 번 실패한 미국의 솔트레이크시티는 올림픽 유치에 두 번째로 도전하여 성공합니다. 미국은 개최지 선정 투표에서 스웨덴, 스위스, 캐나다를 압도적으로 제치고 승리했어요.

하지만 3년 뒤, 솔트레이트시티 올림픽 조직위원회가 IOC 위원들에게 뇌물을 제공한 사실이 드러났어요. 솔트레이크시티는 IOC 위원들에게 자녀의 대학 학비, 뇌물, 정치 자금, 휴가비, 접대비, 기타 선물을 제공했어요. IOC 위원들과 그 가족에게 직접 현금까지 건넸습니다.

조사 결과 전체 IOC 위원 가운데 5분의 1에 해당하는 24명의 위원이 솔트레이크시티로부터 각종 혜택을 받은 것으로 드러났어요. IOC 본부 집행위원회는 뇌물 **스캔들**에 연루된 위원 6명을 해임하기로 결정했습니다. 그리고 3명의 IOC 위원이 자진 사퇴하여 총 9명의 IOC 위원이 이 사건으로 직위를 잃었습니다.

끊이지 않는 잡음

솔트레이트시티 동계올림픽 뇌물 사건 이후, IOC는 총회에서 헌장을 개정했습니다. IOC 위원 선출 방법, 임기, 자격 등을 변경하여 부패를 막기 위해 노력했어요. 사마란치 IOC 위원장이 물러나고 자크 로게 위원장이 새로운 위원장으로 선출되었습니다. 솔트레이트시티 스캔들과 전혀 관련이 없는

사례탐구 IOC 위원의 난동

평창 올림픽 경기 중에 일어난 IOC 위원의 갑질에 많은 이들이 눈살을 찌푸렸습니다. 영국인 IOC 위원인 애덤 팽길리는 보안요원에게 폭언과 폭행을 했어요. 보안요원은 팽길리 위원이 버스 통행로로 들어오려고 하자, 보행자 도로로 안내했어요. 팽길리는 갑자기 욕설을 하며 보안요원을 밀쳤습니다. 그는 보안요원을 30여 미터 끌고 간 뒤 넘어뜨렸습니다.

평창 올림픽 조직위원회는 진상조사와 함께 사과를 요구했어요. IOC 윤리위원회는 곧바로 조사를 실시했고, 사건의 전모가 밝혀지자 IOC는 팽길리에게 즉각 출국을 지시했어요. 팽길리 위원은 평창 올림픽 조직위원장에게 사과했고, 피해자인 보안요원에게는 사과 편지를 보낸 뒤 곧바로 출국했습니다.

알아 두기 세계축구협회(FIFA)의 부정부패

IOC뿐 아니라 국제축구협회인 FIFA도 부정부패 스캔들에 연루되었습니다. 미국 연방수사국(FBI)은 5년 동안 물밑에서 국제축구연맹을 수사했어요. FBI는 1991년부터 스포츠 마케팅 회사의 뇌물이 흘러들어간 사실을 포착했습니다. 프랑스와 남아공 월드컵 등 과거 월드컵 개최지 선정 과정에서도 부정이 있었습니다. 미국 사법 당국은 FIFA 간부 14명을 기소했고, 그중 7명이 유죄 판결을 받고 구속되었습니다.

FIFA의 뇌물은 규모가 매우 큽니다. FIFA 간부들이 러시아와 카타르 월드컵 개최국 선정 과정에서 받은 뇌물 액수만 1억 달러(약 1,182억 원)에 달합니다.

자크 로게 위원장은 '미스터 클린'이라는 별명이 있을 정도로 청렴한 이미지입니다. 그러나 올림픽 개최지 선정에 대한 의혹이 끊이지 않습니다.

미국 연방수사국(FBI)과 뉴욕 연방지방검찰은 2016년 리우데자네이루 올림픽 개최지 선정 비리를 조사 중입니다. 브라질 사업가인 소아레스는 당시 세네갈 IOC 위원이자 국제육상경기연맹회장을 지낸 라민 디악의 아들인 파파 디악에게 최소 200만 달러(약 21억 원) 이상의 뇌물을 건넨 혐의를 받고 있어요.

파파 디악에 대한 수사 중 도쿄 올림픽 유치와 관련된 의혹도 나왔습니다. 2020년 올림픽 개최지 선정을 위한 IOC 총회가 열린 2013년 9월, 일본은 파파 디악과 관련이 있는 싱가포르 회사 계좌로 130만 유로(약 17억 원)를 송금했습니다. 두 사건은 아직 수사가 진행 중입니다. 만약 이 내용이 사실로 밝혀질 경우 솔트레이크시티 올림픽 비리에 버금가는 사건이 될 것입니다.

4

CHAPTER

희생당한 사람들

올림픽과 월드컵 대회를 유치하는 지역 주민들은 대회 개최를 기뻐합니다. 그러나 스포츠 대회를 준비하는 과정에서 주민들이 희생당하는 일은 흔합니다. 주민들은 새로운 경기장에 삶의 터전을 내주고 거리로 쫓겨납니다. 때로는 가혹한 노동환경에서 목숨을 잃는 경우도 발생합니다.

평창 동계올림픽이 결정되고 가리왕산 아래 정선면 숙암리 50여 가구가 이주했어요. 알파인 스키장과 숙박 시설 등을 짓기 위한 장소가 필요했기 때문입니다. 주민들은 국제 행사를 위해 삶의 터전을 내놓기로 했어요. 하지만 주민들은 그 과정에서 고통을 겪었습니다. 제대로 된 이주 대책 없이 집을 떠나야 했기 때문입니다. 이주민들이 새로운 곳에 이사하여 어떻게 지낼지, 올림픽 이후 마을이 어찌 될지 논의가 없었어요. 갈 곳 없는 이주민들은 집과 토지를 보상받고, 폐교인 숙암분교로 잠시 거처를 옮겼습니다.

어떤 이들은 보상을 받았으니 괜찮은 거 아니냐고 말하기도 합니다. 과연 보상금만으로 충분할까요? 올림픽 공사는 숙암리 주민들의 집만 없앤 것이 아니었어요. 공사가 시작되자 평생 업으로 삼던 농사도 지을 수 없었어요. 공사장의 먼지 때문에 밭에서 자라는 작물도 피해를 입었습니다. 3년 동안 계속된 도로 공사 때문에 매년 30% 이상의 작물이 줄어들었어요. 주민들이 공사장으로부터 먼지가 날아들지 않도록 공사장에 1시간에 한 번 물을 뿌려 달라고 요청했지만 받아들여지지 않았습니다. 식당 주인은 오랜 생계 수단을 잃었습니다. 스키장 공사로 인해 길이 사라지자, 손님이 끊겼기 때문이죠.

가리왕산을 파헤치는 대규모 공사로 소음과 진동이 발생했습니다. 이 때문에 새로 지은 집에 금이 가거나, 바닥 타일이 깨지는 일도 생겼어요. 열한 가구는 경사가 심한 곳에 집을 배정받아 노인들이 이동하기가 어려운 상황입니다.

숙암리 주민들은 미래에는 지금보다 상황이 더 심각해질까 봐 걱정하고 있어요. 올림픽 이후에도 지역경제가 존속할 수 있는지, 이주 단지를 포함한 지역 활성화 방안이 있는지 궁금해 합니다.

88 서울 올림픽과 이주민

평창 올림픽 이주민 문제는 우리에게 낯선 모습이 아닙니다. 이미 1988년 서울 올림픽 당시 72만 명에 달하는 이주민이 삶의 터전을 빼앗겼어요. 올림픽 재개발 사업으로 서울 시내 달동네를 비롯한 200여 곳의 재개발 지역 주민들이 이주했지요. 왜 올림픽을 위해 달동네를 없앴을까요?

대한민국은 식민지였으며, 분단국가였어요. 우리나라는 전쟁의 참상을 겪었던 나라가 어떻게 다시 일어났는지를 보여 주기 위해 88 서울 올림픽을 유치했습니다. 당시 정부는 세계에 한국의 긍정적인 면만을 보여 주려고 현대 도시에 어울리지 않는 낙후된 주택들을 일방적으로 철거했습니다.

올림픽 선수들이 입국하는 관문인 김포국제공항과 국회대로 주변의 빈민가를 철거했어요. 아울러 사격 경기가 열리는 태릉 국제사격장 인근의 판자촌을 철거하고 황량한 부지를 개발했습니다.

또한 정부는 도시 미관을 해친다며 전국 성화 봉송 코스에 있는 판잣집을 무단으로 철거했습니다. 당시의 재개발이란 오늘날처럼 **철거민**에게 적절한 보상을 제공하는 방식이 아니었어요. 주민들은 보상은커녕, 하루아침에

┃ 88 서울 올림픽의 성공적인 개최 이면에는 수많은 철 거민들의 아픔이 있었다.

자신의 집에서 쫓겨났습니다. 빈민가에 살던 사람들은 도시 외곽으로 밀려났어요. 거지와 장애인은 수용 시설로 보내 버렸습니다. 심지어 올림픽 기간 동안 땅굴에서 살아야 했던 사람들도 있었죠. 정부는 발전한 대한민국의 이미지에 어울리지 않는다며 많은 사람들을 올림픽 기간 내내 가뒀어요.

해외의 철거민

철거민 발생은 비단 우리나라만의 일이 아닙니다. 해외에서도 이와 비슷한 사례가 끊이지 않습니다.

1992년 스페인 바르셀로나 올림픽에서 이탈리아인 거주지 강제 이동을 비롯하여 약 59만 명의 시민이 시 외곽으로 쫓겨났어요. 미국 내에서도 인종차별이 심한 남부에 위치해 있는 애틀랜타. 1996년 미국 애틀랜타 올림픽도 다르지 않아요. 애틀랜타 시는 흑인 인구가 많은 공공주택 단지를 철거했습니다. 무려 3만 가구의 집이 사라지고 중산층을 위한 주택단지가 새로 들어섰어요. 2000년 시드니와 2004년 아테네 올림픽에서도 1만 명이 넘는 주민의 강제 이주가 있었습니다.

2008년 베이징 올림픽에서는 더욱 대대적인 철거 사태가 벌어집니다. 51만여 채의 집이 철거되고, 125만 명이 쫓겨났어요. 이 과정에서 주민들은 협박과 폭행을 당했고, 허락 없이 집을 지은 사람은 감옥에 갇혔습니다.

지역 주민의 이익을 가져간 사람들

1988년 서울에서부터 2008년 베이징에 이르기까지 20년 동안 개최된 6번의 하계 올림픽으로 살던 곳에서 강제로 쫓겨난 사람은 세계적으로 200만 명에 이릅니다. 빈민들이 사라진 자리는 새로운 지역으로 개발됩니다. 그 사업의 이득은 소수의 사람들이 독점하는 경우가 많아요.

평창 올림픽 개최가 확정된 2011년 이후 강원도의 땅값이 계속 올라갔습니다. 주로 알펜시아 리조트와 용평리조트와 같이 올림픽 시설 근처의 부동산 가격이 치솟았어요. 적게는 3배부터 많게는 10배를 넘어 24배까지 오른 지역도 있습니다. 부동산 가격이 오르면 지역 주민에게 도움이 될 수 있어요. 그러나 땅값이 많이 오른 지역은 주로 재벌이나 사업가들이 소유한 곳입니다. 강원도에 새로운 철도와 도로가 건설되고, 첨단 시설이 들어섰지만 그 이익은 지역 주민보다는 사업체에 돌아갔습니다. 삶의 터전을 빼앗긴 채 이주한 주민들의 희생은 다른 이들의 이득이 되었습니다.

외면받는 사람들

올림픽을 개최하는 도시는 많은 예산이 필요합니다. 한정된 예산을 스포츠 행사에 쓰려면 어쩔 수 없이 다른 분야의 예산이 줄어들죠. 때로는 교육, 의료, 농업, 복지 예산을 스포츠 행사를 위해 전용합니다. 올림픽은 2주간 열립니다. 하지만 그 준비를 위해 몇 년 동안 지역 주민들이 소외되는 현상이 일어납니다. 올림픽 준비로 어려운 형편의 주민이 외면받는 일은 매우 안타까운 일입니다.

노동자보다 중요한 경기장

올림픽이나 월드컵 대회를 위해서는 많은 경기장이 필요합니다. 대회 기간이 짧고, 동시에 많은 경기를 치르기 때문이죠. 스포츠 경기를 개최하는 도시

전문가 의견

개발에 따른 이익이 발생하더라도 지역 주민에게 돌아오는 몫은 찾기 어렵다. 올림픽 개최로 증가된 강원도의 산업인력 통계를 보면 강원도 주민의 수는 미미한 반면, 외국 인력 유입이 두드러지게 높아졌다. 특히 가리왕산 주변은 어떤 산업이 들어와도 경제 개발이 될 수 없는 지역이다.

— 김경임 사회학자, 보스턴 칼리지 교수

는 행사 유치가 결정되면 서둘러 경기장과 기반 시설을 건설합니다. 그 과정에서 건설 노동자가 희생당합니다.

국제노동조합연맹(ITCU)에 따르면 소치 올림픽에서는 건설 현장에서 60명의 노동자가 목숨을 잃었습니다. 다른 도시에서도 사망 사고는 꾸준히 발생했습니다. 시드니 올림픽 1명, 아테네 올림픽 14명, 밴쿠버 올림픽 1명, 베이징 올림픽 6명, 리우데자네이루 올림픽에서는 11명의 사망자가 발생했습니다.

카타르 월드컵 노동자 문제

2022년 개최 예정인 카타르 월드컵의 건설 노동자 문제는 훨씬 심각합니다. 카타르는 중동 국가 중 처음으로 월드컵 개최국으로 선정되었어요. 사막 국가인 카타르의 낮 기온은 섭씨 50도가 넘어요. 야외에 오랫동안 서 있기만 해도 위험할 정도입니다. 하지만 2022년 월드컵을 준비하고 있는 카타르의 건설 현장은 쉬지를 못해요. 카타르는 경기장과 숙소, 도로 등 월드컵 시설을 만들기 위해 네팔, 인도, 필리핀, 스리랑카 등지에서 외국 노동자들을 데려왔어요.

카타르의 건설 현장은 열악해서 노예노동이라는 비난을 받고 있습니다. 카타르 **노동법**에 따르면 근로자는 하루 근무 시간이 8시간을 넘기지 말아야 하며, 주당 근무 시간 역시 48시간입니다. 하지만 하루 14시간, 월 402시간 일한 사례가 있었으며, 심지어 한 업체는 이주 노동자에게 120일 연속 하루도 쉬지 않고 노동을 시킨 것으로 드러났어요. 건설 노동자들은 좁은 공간에서 불결하게 생활합니다. 이 때문에 병에 걸린 사람도 있어요. 많은 노동자들이 뜨거운 날씨에도 휴식을 취하지 못하고 충분한 물을 먹지 못해 열사

병에 걸립니다. 심지어 여권을 빼앗겨 집으로 돌아갈 수 없어 억지로 일하는

카타르 현지 노동환경

현지 기온	6~9월 최고 50도
월 임금액 (단위 : 달러) *식비 별도 없음	인도·네팔계 164~192
	필리핀계 329~466

카타르 월드컵 건설 노동자 사망 추이
(단위 : 명) *인도, 네팔 정부 공식통계

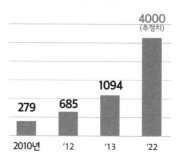

279 685 1094 4000 (추정치)

2010년 '12 '13 '22

카타르 월드컵(2022)	4000(추정치)
소치 동계올림픽(2014)	60
베이징 올림픽(2008)	10
브라질 월드컵(2014)	7
러시아 월드컵(2018)	5

자료:ITUC 스페셜리포트

전문가 의견

카타르 정부를 압박할 FIFA의 힘은 국제노동기구보다 훨씬 강력하다. 사망하
거나 다친 노동자들의 가족 대표단은 FIFA에게 노동 여건이 달라지지 않는다
면 카타르의 월드컵 개최 권한을 박탈해야 한다고 요구하고 있다.

— 나다 알나시프 국제노동기구(ILO) 국장

사람도 있어요.

열악한 노동 환경은 비극을 낳았습니다. 3년간 400여 명의 네팔 노동자가 카타르에서 사망했고, 인도는 한 달 동안 20명이 넘는 자국 노동자가 죽었다고 발표했습니다. 안타깝게도 2014년까지 총 1,200명이 넘는 노동자가 카타르 월드컵 건설 현장에서 목숨을 잃었습니다. 국제노동조합연맹(ITCU)은 건설 근로 환경을 개선하지 않으면, 카타르 월드컵까지 총 4,000명의 사망자가 생길 것이라고 경고했습니다. 국제사회는 일제히 외국인 노동자를 착취하는 카타르 정부를 비난했습니다.

결국 카타르는 노동 규정을 개정해 노동자 권리를 강화하기로 했습니다. 해외로 노동자를 보내는 국가들과 최저임금 도입에 합의했습니다. 하지만

인물탐구 **인권변호사 니위란**

중국의 인권 운동가인 니위란(倪玉蘭)은 미국 국무부의 2016년 '용기 있는 세계 여성상' 수상자 14명 중 한 명으로 선정되었습니다. 이 상은 평화, 정의, 인권, 성평등 등의 가치를 지키기 위해 위험을 무릅쓰고 용기와 리더십을 보여 준 여성에게 주는 상입니다.

그녀는 2001년 베이징이 올림픽 개최지로 선정된 뒤 철거민을 위한 인권 변호사로 활동했어요. 니위란은 철거민의 권리를 옹호했다는 이유로 두 차례 체포돼 고문과 폭행을 당했죠. 중국 정부는 니위란의 여권을 중지시켜 시상식에 참석하지 못하게 했습니다. 현재 그녀는 고문 후유증으로 두 다리를 쓸 수 없는 장애인이 되었습니다.

여전히 노동자들을 착취한다는 의혹은 계속됩니다.

축구공과 아이들의 눈물

월드컵에서 가장 중요한 도구인 축구공. 대부분의 축구공은 사람의 손바느질로 완성됩니다. 아직까지는 기계로 만드는 축구공의 품질이 떨어지기 때문이죠. 32개의 오각형과 육각형을 꿰매 하나의 축구공을 만들려면 약 1,600회의 바느질이 필요해요. 그 축구공이 아이들의 손으로 만들어진다는 사실을 알고 있나요?

1998년 프랑스 월드컵에서 쓰인 축구공이 파키스탄 아이들의 힘겨운 노동의 산물이라는 사실이 드러났어요. 파키스탄과 인도의 아이들은 축구공 한 개를 만드느라 몇 시간 동안 실을 꿰매고 겨우 150원을 받았습니다. 많은 아이들은 하루 종일 축구공을 만드느라 학교에 가지 못했어요. **국제노동기구**는

❚ 아이들의 손으로 만들어지는 축구공.

1999년 축구공을 꿰매는 5~14세 아동이 7천 명에 달한다고 밝혔습니다.

FIFA는 축구와 관련된 일에 아동의 노동력 사용을 금지했어요. 하지만 2010년 남아공 월드컵을 앞두고 조사한 결과 여전히 축구공을 만드는 제3세계의 어린이들이 남아 있었습니다. 우리는 축구공을 꿰매는 아이들이 없어질 때까지 더 많은 관심을 기울여야 합니다.

간추려 보기

- 평창 올림픽을 위해 이주한 숙암리 주민들은 큰 고통을 받았다.
- 서울 올림픽 당시 도시 미화를 위해 도시 재개발을 했다. 판잣집은 일방적으로 철거되고 제대로 된 보상이 이루어지지 않았다.
- 1988년 서울 올림픽부터 2008년 베이징 올림픽까지 20년 동안, 6번의 하계 올림픽으로 약 200만 명의 철거민이 발생했다.
- 스포츠 대회로 개발된 도시의 부동산 가격은 상승한다. 그러나 그 이익은 지역 주민보다 기업이나 사업가에게 돌아가는 경우가 많다.
- 월드컵이나 올림픽 경기를 위해서는 많은 경기장을 빠르게 지어야 한다. 무리한 공사 일정 때문에 공사 중 사망하는 건설노동자가 지속적으로 발생한다.

승리 지상주의

승부에 대한 지나친 집착은 여러 부작용을 초래합니다. 승리하기 위해 금지된 약물을 복용하는 선수는 물론, 조직적으로 선수들에게 약물을 투여한 국가도 있습니다. 메달 가능성이 있는 인기 종목에 투자가 집중되고, 비인기 종목은 차별당합니다.

평창 동계올림픽에서 국기 대신 올림픽 깃발을 들고 입장한 선수들을 기억하세요? 러시아에서 온 선수들은 러시아 국기 대신 오륜기를 들고 입장했어요. 올림픽에서 금메달을 따도 러시아 국가 대신 올림픽 찬가가 연주되었습니다. 왜 평창 올림픽에서 러시아라는 나라가 사라져 버린 걸까요?

소치 올림픽 당시의 도핑 사건 때문입니다. 2014년 러시아는 소치 올림픽에서 종합 1위를 했습니다. 하지만 올림픽 후에 대규모 도핑 사실이 밝혀졌어요. 도핑테스트는 공정한 경기를 위해 선수가 금지약물을 투여했는지 확인하는 검사를 말해요. 특정 약물을 먹으면, 약물의 화학반응으로 신체 능력이 향상됩니다. 이는 공정해야 하는 스포츠 정신과 맞지 않으므로 철저히 금지되고 있어요. 도핑 위원회는 선수의 소변을 검사하여 어떤 약을 먹었는지 알아냅니다. 올림픽에서는 경기 직후 선수의 소변 샘플을 받아서 검사를 해요.

러시아는 올림픽에서 높은 성적을 내기 위해 금지약물을 사용했습니다. 치밀한 계획 아래 수십 명의 선수에게 금지약물을 먹였습니다. 러시아는 약물을 먹기 몇 달 전, 선수들의 소변을 미리 받아서 얼렸어요. 그리고 경기 전

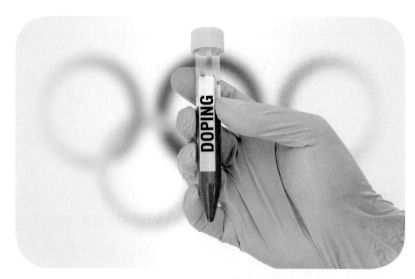

▌ 도핑테스트. 선수들은 높은 성적을 내기 위해 금지약물을 사용하기도 한다.

에 여러 가지 약을 섞어 선수의 신체 능력을 높입니다. 경기 후, 약물을 먹기 전에 미리 받아 놓았던 깨끗한 소변을 벽의 구멍을 통해 전달해 은밀하게 샘플을 바꿨습니다. 올림픽 도핑 위원회가 검사했지만, 러시아 선수들의 바뀐 소변에서 당연히 약물이 발견되지 않았죠.

하지만 양심의 가책을 느낀 러시아 반도핑기구의 책임자인 로드첸코프가 이런 사실을 세상에 폭로했어요. 그는 올림픽이 끝날 때까지 100여 개의 소변 샘플을 바꿔치기했다고 말했습니다. IOC는 소치 올림픽에서 조직적 도핑 범죄를 저지른 러시아에 평창 동계올림픽 출전 금지라는 징계를 내렸어요. 그리고 선수 한 명 한 명 철저하게 도핑검사를 하여 단 168명의 선수만 개인 자격으로 평창 올림픽 참가를 허락했어요. 그래서 '러시아에서 온 올림픽 선수들(OAR: Olympic Athletes from Russia)' 자격으로 국기 대신 IOC기를 든 것입니다.

러시아는 소치뿐 아니라 2년간 많은 스포츠 대회에서 금지약물을 선수들에게 먹였습니다. 리우데자네이루 올림픽에서도 도핑 문제가 불거졌어요. 역도와 육상 등 104명의 선수들이 약물을 복용한 것으로 드러났고, 일부 선수들은 올림픽에 참가하지 못했습니다.

러시아는 하계와 동계올림픽 출전에 제한을 받아 예전에 비해 메달이 줄었습니다. 하지만 진정한 반성을 했는지는 의문입니다. 왜냐하면 도핑 사건을 고발한 로드첸코프가 러시아 정부의 살해 협박을 받고 있다고 주장하기 때문입니다. 푸틴 대통령이 도핑 사건을 직접 지휘했다고 밝힌 로드첸코프는 미국으로 건너가 신분을 숨긴 채 미국연방수사국(FBI)의 보호 아래 살고 있어요. 그는 "깨끗한 스포츠를 위한 근본적인 개혁이 이루어지지 않으면 올림픽이 '사망'할 수 있다."고 경고했습니다.

올림픽 약물 사건의 역사

올림픽은 선수들이 모여 자신의 기량을 겨루는 스포츠 행사입니다. 보다 더 빠르고, 더 강하게 경기에 임해 승리하려는 선수들은 몸을 강하게 해 주는 약물의 유혹에서 벗어나기가 쉽지 않습니다. 선수들이 금지된 약물을 복용한

지는 아주 오래되었습니다. 고대 올림픽에서도 긴장감을 떨쳐내기 위해 특정한 약초를 먹고 출전했다는 기록이 있습니다. 근대 올림픽 초기에는 약물 검사가 없었으며, 이때도 선수들이 우승하기 위해 특별한 약을 먹는 경우가 있었습니다.

올림픽에서 본격적으로 약물 규제가 생긴 것은 사망사고 때문이었습니다. 1960년 로마 올림픽에 출전한 덴마크의 사이클 선수인 커트센젠이 경기 도중 넘어져 사망했어요. 부검 결과 많은 양의 암페타민과 니코티닐 알코올이 검출되었습니다. 암페타민은 피로감을 없애고 집중력을 높이는 약물로서 일종의 마약입니다. 올림픽위원회는 선수들의 안전을 위해 위험한 약물을 금지하고, 1968년 그르노블 동계올림픽부터 도핑테스트를 시작했습니다. 2018년 기준으로 세계반도핑기구에서 금지한 약은 250여 종류입니다. 흥분제, 진통제를 비롯해 스테로이드와 호르몬제 등이 주요 금지약물입니다.

사례탐구 도핑테스트의 증가

올림픽이 거듭되어도 도핑테스트를 피해 약물을 복용하려는 시도가 줄지 않습니다. 오히려 그 수법이 더 교묘해지고 있어요. 아직까지 도핑테스트 목록에 등록되지 않은 신종 약물을 먹거나, 꾸준히 먹던 약물을 검사 직전에 잠시 끊는 방법도 있습니다. 올림픽위원회는 공정한 경기를 위해 도핑테스트를 지속적으로 강화하고 있습니다. 2010년 밴쿠버 올림픽에서는 약 1천 회, 2014년 소치에서는 약 2천5백 회, 2018년 평창에서는 약 7천 회의 도핑테스트를 실시했습니다.

죄송한 은메달

금지된 약물을 복용하는 근본적인 이유는 무엇일까요? 바로 승리 지상주의와 1등만 최고로 여기는 시선 때문입니다. 흔히 올림픽은 참가하는 데 의의가 있다고 하지만, 실상은 그렇지 않습니다. 우리나라 선수가 결승전에서 안타까운 차이로 은메달을 획득하면 아쉽다는 말이 방송에 나옵니다. 온힘을 다해 근소한 차이로 2등을 차지한 선수를 격려하기는커녕, 더 잘하지 못해 금메달을 놓쳤다고 비난하는 사람들도 있습니다. 올림픽 기간 내내 각국의 메달 순위를 방송하며 우리나라가 목표 등수에 들었는지, 어떤 종목에서 금메달을 따야 목표 달성이 가능한지 분석합니다. 만약 강력한 금메달 후보가 메달을 놓치면 죄인이라도 된 것처럼 고개를 숙입니다. 심지어 은메달을 따서 죄송하다고 인터뷰하는 선수도 있습니다. 일부 관중은 훌륭한 경기 내

▌ 금메달만 박수를 받아야 할까요?

용이 아니라, 경기 결과에만 집착합니다.

　우리나라는 국가별 순위도 금메달 개수로 정합니다. 아무리 은메달과 동메달이 많아도 금메달이 없으면 순위가 낮습니다. 하지만 미국과 캐나다는 금메달로 국가 순위를 정하지 않고 모든 메달을 골고루 반영합니다. 선수들은 페어플레이어로서 올림픽 제전에 참가하는 데 큰 의의를 두고, 자신의

사례탐구 *자책골 실수가 앗아 간 목숨*

1994년 미국 월드컵 예선에서 끔찍한 비극이 발생했어요. 당시 우승 후보로 꼽히던 콜롬비아 팀의 수비수 안드레스 에스코바르가 그 주인공입니다. 16강 1차전에서 패배한 콜롬비아는 미국과의 2차전에 사활을 걸었어요. 2차전에서 꼭 승리해야만 본선 진출이 가능했기 때문이죠. 미국은 콜롬비아에 비해 훨씬 약한 팀이었고, 많은 사람들은 콜롬비아가 쉽게 우승하리라 예상했어요. 하지만 콜롬비아의 에스코바르가 **자책골**을 넣는 바람에 미국에 2:1로 패하며 16강에서 탈락했습니다.

콜롬비아 국민들은 본선에 탈락한 축구 대표팀을 강하게 비난했습니다. 콜롬비아 대표팀은 신변의 위협을 느꼈고, 감독은 에콰도르로 피신했습니다. 자책골을 넣은 에스코바르는 살해 협박을 받았습니다.

에스코바르의 부모님은 자식에게 귀국하지 말라고 했어요. 하지만 그는 "자살골에 대해 팬과 언론에 해명할 의무가 있다."며 콜롬비아로 돌아왔습니다. 에스코바르는 월드컵 본선 진출 실패에 책임을 지려 했으나, 얼마 후 한 남자의 총에 맞아 사망했습니다. 경기 중 실수 때문에 선수의 목숨이 사라진 믿기 힘든 사건입니다.

실력을 최대한 발휘합니다. 만약 최선을 다해 메달을 땄다면 국민들은 메달 색깔과 상관없이 축하해 줍니다. 우리나라에서도 올림픽 정신에 따라 1등만 우대하는 금메달 위주의 메달 집계 방식을 바꾸자는 의견이 있습니다. 올림픽의 순수한 스포츠 정신을 따라 경기 결과보다 경기 도중에 흘린 땀을 더 기억해야 합니다.

엘리트 체육의 그늘

1등 지상주의는 엘리트 체육을 낳습니다. 엘리트 체육이란 소수의 특정 선수들에게만 집중적으로 투자하는 방식입니다. 우수한 선수만 훈련시켜 국제대회에서 메달 획득 가능성을 높이죠. 우리나라는 엘리트 선수들에게 세금을 투자합니다. 우수한 선수들을 모아 태릉선수촌에서 지도합니다. 올림픽에서 메달을 따면 국제대회에서 대한민국의 위상을 높인 공으로 포상금과 연금을 받습니다. 하지만 아무리 많은 땀을 흘리며 노력했어도 메달을 따지 못하면 아무런 혜택을 받지 못합니다. 전 세계 1, 2, 3위가 아니면 평생의 노력이 보상받지 못하는 것입니다. 그래서 선수들은 무리하게 운동합니다. 성적이 좋지 못하면 운동 자체가 의미가 없기 때문에 몸을 혹사하는 훈

알아 두기 올림픽 헌장 1장 1조 1항

올림픽 운동의 목표는 올림픽 이념과 그 가치에 따른 스포츠를 통해 젊은이들을 교육함으로써 평화롭고 더 나은 세상을 건설하는 데 기여하는 것이다.

련을 계속하다가 부상을 입기도 해요. 최악의 경우 혹독한 훈련 도중 부상을 입고 경기에 나가기도 전에 은퇴하는 선수도 있어요.

우리나라에는 체육특기자 제도가 있습니다. 특별하게 체육을 잘하는 학생은 운동 연습과 대회에 참여하면 학과 수업을 듣지 않아도 됩니다. 국어나 수학 등을 공부하지 않아도 운동만 잘하면 졸업이 가능합니다. 체육특기생은 기초학력 없이도 대학교를 졸업할 수 있죠. 선수를 운동에만 집중시켜 기록을 단축하고, 올림픽에서 금메달을 딸 수 있도록 환경을 마련하자는 체육특기자 제도. 이렇게 운동에만 집중한 후유증은 나중에 나타납니다. 운동선수를 접고 다른 일을 하려고 해도 기초학력이 부족해 사회 적응에 어려움을 겪는 것이죠. 운동 말고는 할 줄 아는 일이 없는 셈입니다.

올림픽 슬라이딩센터 폐쇄

평창 동계올림픽에서 스켈레톤 종목의 윤성빈 선수는 깜짝 금메달을 땄어요. 아이언맨 마스크를 쓴 윤성빈 선수의 질주에 모두가 환호했습니다. 봅슬레이도 은메달을 획득해 온 국민이 열광했죠. 아시아 최초로 딴 슬라이딩 종목 금메달과 은메달에 세계도 깜짝 놀랐습니다. 제대로 된 썰매장조차 없는 나라에서 일궈 낸 감동의 결실이었으니까요.

그러나 승리의 열기가 채 식기도 전인 2018년 3월, 충격적인 소식이 전해졌어요. 스켈레톤과 봅슬레이 대회가 열린 올림픽 슬라이딩센터가 잠정 폐쇄된 것입니다. 연간 20억 원의 센터 관리 비용이 부족했던 탓입니다. 게다가 대한체육회는 예산 부족과 적은 상비군 인원을 이유로 봅슬레이·스켈레톤 대표팀 상비군을 해체했습니다. 상비군을 해체하면 스켈레톤, 봅슬레이와 같은 종목을 체계적으로 연습할 수가 없어요.

강원도와 정부는 슬라이딩센터를 되살릴 방법을 고민하고 있어요. 아시아 최초 썰매 종목 금메달이 탄생한 올림픽 유산을 지키려 노력 중입니다. 유명 회사에 지원을 받아 팀을 운영하거나 관광 상품을 개발하자는 대안도 있습니다. 하지만 올림픽 인기가 희미해진 시점에 기업의 후원을 받는 일은 쉽지가 않습니다.

비인기 종목의 설움

4년에 한 번만 주목받는 비인기 종목은 셀 수 없이 많아요. 하키, 핸드볼, 레슬링 등은 올림픽 기간에만 잠깐 주목을 받고 관심에서 멀어집니다. 금메달을 따는 순간이 중계되면 사람들은 열띤 박수를 쳐요. 하지만 올림픽이 끝나면 제대로 된 지원을 못 받는 경우가 허다합니다.

국가대표 여자 핸드볼 팀이 어려운 상황을 극복하고 승리한 이야기는 감동적입니다. 여자 핸드볼 팀의 이야기는 영화로 만들어져 흥행에 성공했습니다. 그러나 여전히 TV에서 국내 핸드볼 경기 중계를 보기는 힘들어요. 경기장의 좌석도 비어 있습니다.

핸드볼이나 하키는 그래도 나은 편입니다. 조정이나 요트, 근대5종, 승마, 사이클 등은 메달 획득 가능성이 낮아요. 인기도 없고 메달 가능성이 적은 종목은 올림픽 기간에 방송에서 만나기가 더더욱 힘들죠. 사람들의 관심도 거의 없어 선수들은 무척 힘든 환경에서 훈련하는 셈입니다.

물론 취향에 따라 선호하는 스포츠 경기는 제각기 다릅니다. 사람들에게 고생한 선수들을 위해 비인기 종목을 좋아하라고 강요할 수는 없어요. 그러나 스포츠 대회를 위해 노력하는 선수들이 차별 대우를 받지 않도록 관심을 기울여야 합니다. 태릉선수촌에 들어가지 못한 비인기 종목의 국가대표는 훈련장을 빌려 사용합니다. 변변한 훈련장이 없어 제때 훈련을 하지 못하는 경우도 생기죠. 예산이 부족해 장비 교체도 못합니다. 아무리 훌륭한 선수라도 국가대표라는 자부심만으로 경기를 준비할 수는 없습니다. 모든 종목에 공평하게 지원을 하고, 적절한 훈련 환경을 마련해 줘야 합니다. 메달을 따지 못한 선수의 노력에도 관심을 기울이는 것이 진정한 스포츠 정신입니다.

승부를 좌우하는 경제력

0.001초 차이로도 승부가 갈리는 올림픽 경기. 선수의 경기력 못지않게 장비가 중요합니다. 최첨단 장비는 선수의 신체적 한계를 극복하는 데 큰 도

▍봅슬레이. 선수의 경기력 못지않게 장비가 중요하게 작용한다.

움이 됩니다. 최신 기술을 사용한 장비의 가격은 매우 높아요. 따라서 값비싼 장비를 사용하지 못하는 선수가 불리하다는 형평성 논란도 있습니다.

썰매를 타고 스피드를 겨루는 봅슬레이. 봅슬레이에서 썰매의 역할은 매우 중요합니다. 각 나라는 기록 단축을 위해 장비를 개발합니다. BMW를 비롯한 세계적인 자동차 회사들이 봅슬레이 제작을 지원합니다. 4인용 봅슬레이 썰매 1대의 가격은 2억 원입니다. 가격이 너무 비싸 우리나라 봅슬레이 팀은 몇 년 전까지만 해도 다른 나라에서 썰매를 빌려 경기에 참가했어요. 썰매가 있는 팀과 빌려서 경기하는 팀의 성적이 차이가 나는 것은 당연합니다.

사례탐구 한국에는 팔지 않는 양궁 장비

우리나라 양궁은 세계 최강 팀이라 다른 나라에서 엄청 견제를 합니다. 1996년 미국 애틀랜타 올림픽이 열리기 전에 벌어진 한 사건은 우리나라 남자 양궁 팀에 큰 영향을 미쳤습니다. 그 당시 남자 양궁 팀은 미국 회사인 '호이트'의 장비를 사용하고 있었어요. 호이트는 매우 우수한 활을 개발했으나 한국 팀에 판매하지 않았습니다. 올림픽을 앞둔 한국 팀은 호이트 회사에 여러 번 부탁했으나 결국 구입할 수 없었어요.

장비가 전적으로 승부를 가르는 것은 아닙니다. 하지만 새로운 장비를 쓰지 못하게 된 한국 팀은 당황했어요. 결국 애틀랜타 올림픽 양궁에서 미국이 남자 개인과 단체전 모두에서 금메달을 차지했습니다. 한국 남자팀은 다른 장비를 사용하여 은메달을 목에 걸었습니다.

호이트 사의 횡포 이후, 우리나라는 국산 양궁 장비 개발을 시작했어요. 혹시 모를 상황에 대비하기 위해서죠.

〈아이, 토냐〉는 미국의 피겨스케이트 선수인 낸시 캐리건과 토냐 하딩 사이의 실화를 바탕으로 한 영화입니다. 릴레함메르 올림픽을 앞두고 한 괴한이 낸시 캐리건의 허벅지를 둔기로 내리쳤어요. 경찰은 경쟁 선수인 토냐 하딩을 의심했지만, 증거가 없어 아무런 조치를 취하지 못했죠. 하지만 토냐 하딩은 사회적으로 비난을 받았습니다. 두 선수는 올림픽에 참가했고, 낸시 캐리건은 은메달을 획득하고 토냐 하딩은 8위에 머물렀어요. 올림픽이 끝난 뒤, 토냐 하딩은 범죄 사실을 자백하고 선수 자격을 박탈당했어요. 이 영화는 가해자인 토냐 하딩이 우승에 대한 지나친 압박감 속에서 어처구니없는 범죄를 저지르는 상황을 잘 묘사하고 있습니다.

그뿐만 아니라 물의 저항을 줄여 주는 첨단 소재의 수영복, 스케이트 신발과 날이 분리되는 플립 스케이트 등 최신 제품은 기록 단축에 영향을 끼칩니다. 하지만 값비싼 장비를 구입할 수 있는 나라는 그리 많지 않아요. 올림픽 상위권 나라들이 대부분 선진국인 것은 우연이 아닙니다. 스포츠에 넉넉한 투자가 가능한 나라와 그렇지 않은 나라의 경쟁이 과연 공정한지 생각해 볼 필요가 있는 것이죠.

간추려 보기

- 러시아는 소치 올림픽에서 우승하기 위해 국가가 조직적으로 선수들에게 금지 약물을 투여했다.
- 경기에서 우승하려고 금지약물을 먹는 선수가 꾸준히 나오기 때문에 도핑 테스트가 강화되고 있다.
- 경기에서 1등만 최고로 여기는 승리 지상주의는 여러 부작용을 낳는다. 비인기 종목은 차별당하고, 메달 가능성이 높은 종목은 집중적인 투자를 받는다.
- 최첨단 장비가 경기의 승패를 가를 수 있다. 경제적 이유 때문에 고가의 장비를 사용하지 못하면 성적 차이가 날 수 있다는 것이다.

6

CHAPTER

스포츠 대회가 경제를 살린다는 신기루

대형 스포츠 대회를 유치하면 정말로 경제가 살아날까요? 실제 경기를 치른 도시를
살펴보면 반대의 현상이 일어났습니다. 많은 도시가 올림픽 이후 적자에 시달렸어요.
졸속으로 지은 경기장은 대회 이후 버려져 애물단지가 되었고, 러시아 소치는 올림픽
이후 텅 빈 도시가 되었습니다.

산업연구원은 평창 동계올림픽 유치 효과가 대단할 것이라 예상했어요. 또

한 23만 개의 새로운 일자리가 생길 거라고 기대했습니다. 이 밖에 국가 홍보 효과와 한국 기업의 매출 증대라는 간접적인 효과도 최소 수십조 원을 넘어설 것으로 전망했습니다. 또한 현대경제연구원은 올림픽 관련 직접적인 시설 투자, 세계적 이미지 부상에 따른 관광 효과, 국가 이미지 제고 효과 등 평창 동계올림픽 경제 효과가 10년간 약 65조 원이라고 보았습니다. 이처럼 올림픽, 월드컵, 아시안게임 등 국제 스포츠 대회가 열리면 경제가 살아난다

전문가 의견

올림픽 개최가 장기적으로 긍정적인 효과가 있다고 주장하는 이들도 있지만 제대로 검증된 적은 없다. 월드컵이나 올림픽 같은 대규모 이벤트에 투자하는 것은 경제적인 관점에서 보자면 도박에 가깝다.
— 앤드루 짐발리스트 미국 스미스대학 경제학자

하지만 대형 스포츠 대회가 정말 경제를 살릴까요?

버려진 리우데자네이루 올림픽 주경기장

2016년 브라질에서 열린 리우데자네이루 올림픽은 시설물 건설에만 10조 원을 사용했습니다. 지나친 올림픽 준비 비용이 시의 경제를 위협했어요. 결국 리우데자네이루 주 정부는 올림픽 개막 직전, 재정 위기로 인한 비상사태를 선포했습니다.

올림픽 이후 경제 상황이 더욱 나빠진 리우데자네이루는 올림픽 시설을 제대로 관리하지 못했습니다. 개막식이 열린 마라카낭 주경기장은 금세 폐

▌ 버려진 리우데자네이루 올림픽 주경기장의 모습들.

허로 변했어요. 리우데자네이루는 주경기장을 건설하며 올림픽 이후의 사용 계획을 제대로 세우지 않았습니다. 방치된 마라카낭 경기장은 2017년에는 300만 헤알, 우리 돈으로 약 11억 원의 전기세를 내지 못했어요. 예산이 부족한 마라카낭 경기장은 제대로 된 보안 시설이 없어 도둑의 소굴이 되었어요. 주경기장에 침입한 사람들이 의자, TV, 구리선 등 돈이 될 만한 것들을 모조리 훔쳐 갔지요.

유령도시가 된 소치

2014년 러시아 소치 동계올림픽에 510억 달러, 우리 돈으로 약 53조 원이 투입되었습니다. 소치는 올림픽을 위해 경기장, 숙박 시설 등 80%의 건물을 새로 지었어요. 그러나 올림픽 이후 소치를 찾는 사람이 없어 도심을 오가는

사례탐구 빚에 시달리는 올림픽 개최 도시

1976년 올림픽을 개최한 캐나다 몬트리올은 당시 10조 원의 빚을 졌습니다. 몬트리올은 2006년까지 무려 30년 동안 이 빚을 갚았습니다.
1992년 동계올림픽을 개최한 프랑스 알베르빌 인근 14개 마을이 과잉 투자로 파산했습니다.
1998년 나가노 동계올림픽 역시 엄청난 적자를 기록했어요. 올림픽 이후 오랜 기간이 지났지만 나가노에는 약 17조 원의 빚이 남았습니다. 이로 인해 나가노 주민들은 복지 축소와 공공요금 인상 등의 고통을 겪고 있습니다. 이외에 다른 개최 도시들도 올림픽 이후 경제적 어려움을 겪고 있습니다.

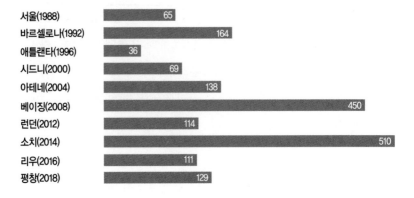

역대 올림픽 개최 비용 (단위 : 억 달러)

서울(1988)	65
바르셀로나(1992)	164
애틀랜타(1996)	36
시드니(2000)	69
아테네(2004)	138
베이징(2008)	450
런던(2012)	114
소치(2014)	510
리우(2016)	111
평창(2018)	129

열차 운행 횟수는 10분의 1로 줄었고, 공항과 연결된 철도는 아예 폐쇄되었습니다. 손님이 사라진 숙박업소와 식당은 문을 닫았습니다. 소치 올림픽 때 건설한 시설의 5%만 사용되고 나머지는 텅 비었어요. 화려한 올림픽이 끝난 소치는 '유령도시'라는 별명만 얻게 되었습니다.

인천 아시안게임의 후유증

2014년 인천에서 아시안게임이 열렸습니다. 많은 사람들이 처음 아시안게임을 유치할 때부터 인천시의 재정 상황 때문에 반대했어요. 지나친 지출 때문에 아시안게임 개최권을 반납하자는 의견이 있었습니다. 한 여론조사에 따르면 인천 시민 가운데 약 80%가 대회 반납을 원했습니다. 하지만 아시안게임 개최를 반납하면 손해배상금을 물고, **국가 신인도**가 하락한다는 이유로 받아들여지지 않았어요.

인천시는 아시안게임용으로 16개 경기장을 지었습니다. 총 1조 5천억 원을 들여 건설한 경기장의 운영 적자가 3년간 330억 원이 넘었으며, 해마다 100억 원 이상의 적자가 생깁니다. 아시안게임 경기장 건립 당시 사후 활용 방안을 마련하지 않고 건물부터 지은 결과입니다.

인천시는 뒤늦게 경기장을 활용하기 위해 노력하고 있어요. 인천시는 2018년 아시안게임 주경기장 주변을 스포츠관광단지로 특화한다는 계획을 발표했어요. 유스호스텔과 스포츠 시설, 교육 시설을 갖춘 스포츠 테마파크 등을 건설한다는 구상을 밝혔습니다.

아시안게임은 끝났지만 경제적 파장은 오랫동안 인천에 남아 있어요. 아시안게임으로 인천시의 재정이 악화되자 복지 예산이 삭감되었습니다. 둘째 아이 출산장려금과 기초수급자 교복비 지원금, 청년 근로자 취업, 노인인력개발센터 사업개발비, 점자도서관 사업 등 사회적 약자에 대한 예산이 줄어들었습니다.

사례탐구 **LA 올림픽, 성공의 비결**

LA 올림픽 조직위원회는 올림픽에 앞서 '5개년 재정 계획'을 세밀하게 수립했습니다. LA는 올림픽을 2주 동안의 행사로 생각하지 않고 도시의 5년을 바라보며 대회를 준비했던 것입니다. 조직위원회가 도시의 미래를 위해 적절한 예산을 정하고, 그렇게 수립한 예산 안에서 방법을 찾았습니다. 조직위원회는 경기에 필요한 물품을 미리 정하고, 그 물품을 지원해 줄 기업을 찾아가 후원을 요청했습니다. LA 올림픽의 흑자는 이렇게 장기적인 계획 덕분에 가능했어요.

성공적인 흑자 올림픽, LA 올림픽

2012년 영국의 옥스퍼드대학교는 올림픽에 관한 연구 결과를 발표했습니다. 보고서에 따르면 1992년 이후 20년 동안 하계올림픽을 개최한 모든 도시는 적자를 기록했습니다.

LA는 1932년에 지어진 LA콜로세움을 주경기장으로 사용했어요. LA는 단 하나의 경기장도 새로 짓지 않고 기존 경기장을 활용했어요. 또한 선수촌도 건설하지 않고 대학 기숙사를 사용했습니다. 흑자 올림픽은 이처럼 도시의 기존 시설을 최대한 이용하고 새로운 건물을 짓지 않았기 때문에 가능했어요.

간추려 보기

- 리우데자네이루는 올림픽에 지나친 투자를 하여 도시의 경제가 취약해졌다. 방치된 주경기장은 사람들이 집기를 훔쳐가 폐허가 되었다.
- 소치는 올림픽 이후 단 5%의 시설만 사용되는 유령도시가 되었다.
- 2014년 인천 아시안게임은 개최권 반납을 원할 정도로 준비 단계에서부터 재정 문제가 있었다. 대회가 끝난 지금도 적자는 해결되지 않았다.
- LA 올림픽은 처음부터 도시 발전을 위한 적절한 예산으로 진행하여 유일하게 흑자를 낸 하계올림픽이 되었다. LA는 단 하나의 경기장도 짓지 않고 기존 경기장을 활용했다.

환경과 스포츠 대회

스포츠 대회에는 경기장과 선수촌 등 많은 인프라가 필요합니다. 국립공원, 생태지역, 산악지대 등 자연 환경이 스포츠 대회 때문에 사라지고 있습니다. 대회가 끝난 후에도 한번 훼손된 환경은 쉽게 회복되지 않습니다.

선수들이 모여 스포츠를 하기 위해서는 당연히 경기장이 필요합니다. 하계올림픽에는 30개 이상의 경기장과 1만 명 이상이 머물 선수촌이 필요해요. 동계올림픽은 산악지대에 스키장을 지어야 합니다. 올림픽 시설은 산과 들에 지어지므로 환경 파괴를 피할 수 없어요. 단 2주간의 행사를 위해 자연 환경이 심하게 파괴된다는 우려의 목소리는 날로 높아집니다.

리우데자네이루 올림픽 골프장

1904년 세인트루이스 대회 이후 112년 만에 리우데자네이루 올림픽에서 정식 종목으로 채택된 골프. 우리나라의 박인비 선수는 리우데자네이루 올림픽 골프 종목에서 금메달을 땄습니다. 올림픽 종목으로 돌아온 골프를 석권한 한국 선수에게 전 세계가 주목했어요.

그러나 리우데자네이루 올림픽의 골프장은 설계부터 논란을 일으켰습니다. 골프장 예정지가 생태보호구역이어서 환경 파괴 문제가 심각했거든요. 리우데자네이루 골프장은 97만㎡로 코엑스몰의 2배가 넘어요. 환경 단체들은 생태보호구역 개발에 반대하며 시위를 벌이고 브라질 정부에 소송을 걸었습니다. 정부가 법을 어기고 생태보호지역에 골프장을 만들어 부자들의 배만 불려 준다며 공사 중단을 요구했지요. 그리고 골프 인구가 적은 브라질에 초대형 골프장이 생기면 올림픽 이후 버려질 것이라 경고했습니다.

아니나 다를까, 1,900만 달러(약 223억 원)를 들여 지은 골프장에서는 올림픽 이후 사람을 찾아보기가 힘듭니다. 현재 유지 비용이 한 달에 약 1억 원이 필요하여 이 골프장은 돈 먹는 하마라고 불립니다.

소치가 파괴한 생태계

러시아 국립공원에 위치한 므짐타 강은 소치 주민의 식수원입니다. 소치 동계올림픽 이후 므짐타 강의 생태계는 크게 파괴되었습니다. 국립공원에 스키장, 도로, 철도가 건설되었습니다. 빙상경기장과 숙박 시설은 철새가 머무는 습지대 위에 지어졌습니다. 건설 폐기물이 강으로 흘러가 물은 뿌옇게 변하고, 독성 물질이 강물에 섞였습니다. 오염된 강의 물고기들이 집단 폐사했고, 흑해에 살던 희귀종 연어가 사라졌습니다. 강가의 회양목 숲이 파괴되고, 강물은 더욱 오염되었습니다. 소치의 강과 숲에 살던 동물과 식물이 올림픽과 함께 사라지고 병들었습니다.

아직 돌아오지 못한 나가노의 자연

1998년 동계올림픽 개최지인 일본 나가노. 올림픽을 치르고 20여 년이 지났으나 올림픽 당시 파괴된 환경은 아직 회복되지 못했습니다.

나가노의 멸종위기동물 서식지에는 터널과 다리가 건설되었습니다. 산악지대를 가로지르는 고속도로가 생겼습니다. 나가노는 봅슬레이 경기장을 지으며 5천 그루의 나무를 벌목했고, 나비 군락지에 스키점프대를 세웠습니다. 나가노는 프리스타일 스키 경기장을 지으며 올림픽이 끝나면 자연을 복원하기로 약속했습니다. 그러나 그 약속은 아직까지 지켜지지 않았습니다. 올림픽 개최 당시 환경 올림픽을 내세우며 자연과의 공생을 외치던 나가노의 약속은 언제 지켜질까요?

평창에 대한 우려

1997년 무주 올림피아드를 개최하며 개발된 덕유산의 모습은 안타깝습니다. 전라북도는 알파인 스키장을 지으며 나무를 보전하기 위해 옮겨 심었습니다. 하지만 6년 후, 자리를 옮긴 구상나무 111그루 전체가 사라졌고 253그

▌ 가리왕산 알파인 경기장 슬로프를 두껍게 덮었던 눈이 녹자 허물어지고 있는 슬로프 사면.

루의 주목나무 절반이 말라 죽었어요. 나머지 주목나무도 서서히 죽어 가고 있습니다.

이러한 문제는 평창 가리왕산에서도 계속되고 있습니다. 가리왕산은 조선 시대부터 500년 넘게 보존된 원시림입니다. 환경론자들은 가리왕산 개발에 격렬하게 반대했습니다. 정부는 가리왕산 스키장을 개발하며 복원을 약속했습니다. 하지만 자연 복원은 생각보다 어려운 일입니다.

강원도는 스키장을 지으며 1,200그루의 나무를 옮겨 심어 보호하려 노력했습니다. 하지만 옮겨 심은 나무 중 상당수가 고사했습니다. 나무의 생태를 고려하지 않고 스키장 슬로프 등 아무 곳에나 심었기 때문입니다.

가리왕산 토양은 올림픽 시설물을 건설하면서 사용한 화학물질에 오염되었습니다. 오염된 땅에 아무리 나무를 심어도 살아나지를 못합니다. 전문가들은 가리왕산을 개발하면서 토양이 많이 유실되어 산사태 위험이 높다고 경고합니다. 자연 복원보다 산사태 방지 등 복구 사업이 더 시급하다는 의견도 간과해서는 안 됩니다. 예전의 가리왕산을 되살리기 위해서는 오랜 시간과 투자가 필요합니다.

버려진 경기장

평창 동계올림픽은 총 12개의 경기장에서 열렸습니다. 강원도는 6개의 경기장을 새로 지었어요. 아쉽게도 경기장은 올림픽 사후 활용 방안 없이 건설되었습니다. 연간 100억 원의 올림픽 경기장 유지비는 강원도에 큰 부담입니다.

평창 동계올림픽과 패럴림픽의 개·폐회식이 열린 올림픽 스타디움은 패럴림픽을 끝으로 사라집니다. **인프라**가 부족한 횡계시에서 운영하기엔 유지비가 많이 들기 때문이죠. 강원도는 스타디움의 일부를 올림픽 기념관으로 활용할 것입니다. 그러나 일부를 제외하고 스타디움 대부분은 철거되고 원래 있던 인조잔디 축구장으로 되돌아갑니다.

강릉 아이스하키장은 올림픽이 끝난 후 원주로 이전하기로 했습니다. 그러나 이전 비용 650억 원이 부족한 상황입니다. 강릉 스피드스케이팅 경기장은 철거할 계획이었으나 '아이스더비'라는 사행성 사업장으로 활용될 가능성이 있습니다. 강릉시는 올림픽 경기장을 문화유산으로 남기고자 하지만, 뾰족한 시설 유지비 마련 방안은 없는 상태입니다.

사례탐구 **프랑스 그르노블의 알프스 파괴**

과거의 올림픽은 지금보다 환경 파괴가 더 심했습니다. 1968년 동계올림픽이 열린 프랑스의 그르노블. 스키 활강장 공사에 군인 1만 명이 나섰습니다. 프랑스는 알프스 기슭의 암반 지대를 폭파해 스키장을 만들었어요. 봅슬레이 활주로 공사에는 냉각제로 암모니아와 질소를 이용했습니다. 주민들에게는 가스 마스크를 나누어 줄 정도로 위험한 공사였습니다.

"그르노블 올림픽의 모든 시설은 자연의 희생으로 만들어졌다. 지금은 모두 부서져 폐허가 되었다. 사업가들이 이렇게 만들어 놓고 도망가 버렸다. 지역의 모든 것을 바꿔 놓았다."

– 장 자크 하디, 1992년 당시 프랑스 외교보좌관

이처럼 사후 활용 방안 없이 지어진 경기장은 올림픽이 끝나면 버려집니다. 국제 스포츠 행사를 치른 도시의 경제가 침체되는 이유입니다. 많은 나라들이 대회 이후 사용하지 않는 경기장 문제로 올림픽을 반대합니다.

집중탐구 지구온난화와 동계올림픽

캐나다의 워털루대학에서 놀라운 연구 결과가 발표되었어요. 지금처럼 지구 온난화가 계속된다면 동계올림픽을 열었던 많은 도시에서 다시는 동계올림픽을 열 수 없다는 내용이었죠. 지구의 온도가 점점 높아지는 것이 지구 온난화 현상입니다. 기온이 올라가 눈과 얼음이 녹으면 스키와 썰매 등 야외 종목은 경기가 불가능해요. 실제로 2014년 동계올림픽이 열린 소치는 기온이 16도까지 올랐어요. 스키장의 눈이 녹아 진흙탕처럼 변하고, 얼음이 녹아 웅덩이가 되었죠. 우리는 올림픽뿐 아니라 지구를 살리기 위해 환경 보호에 노력을 기울여야 합니다.

월드컵과 환경 파괴

축구는 구장을 만들기 위해 동계올림픽처럼 산을 깎지 않으니 환경에 큰 영향이 없을까요? 그렇지 않습니다. 축구는 생각보다 환경 파괴가 심한 스포츠입니다. 축구장 인조잔디를 유지하기 위해서는 많은 양의 물이 필요합니다. 세계적으로 깨끗한 물이 부족한 상황에서 축구경기에 지나치게 많은 물을 사용한다는 비판을 받죠.

월드컵 경기장은 매우 많은 전기가 필요해요. 2006년 독일 월드컵을 조사해 보니 축구장 한 곳에서만 연평균 300만㎾의 전력을 사용했습니다. 이는 500~700가구가 1년간 사용하는 전력 소비량과 맞먹습니다. 축구장에서 사용되는 전기 대부분은 조명에 쓰입니다. 만약 낮에만 경기한다면 전력 사용

▌ 동계올림픽 최대의 적은 지구온난화.

량은 크게 줄어들 거예요. 하지만 한정된 시간에 많은 경기를 해야 하는 월드컵의 특성상 밤에도 경기를 할 수밖에 없답니다.

월드컵과 탄소발자국

이산화탄소는 지구온난화를 일으키는 온실가스입니다. 일상생활에서 나오는 이산화탄소의 양을 **탄소발자국**이라고 합니다. 월드컵은 지구인을 하나로 묶는 축제이지만, 많은 양의 탄소발자국을 남깁니다.

2014 월드컵은 세계에서 5번째로 큰 나라인 브라질에서 열렸습니다. 월드컵을 응원하기 위해 각국 응원단이 비행기를 타고 브라질로 향했죠. 이 과정에서 이산화탄소가 많이 발생했습니다. 국제축구연맹이 자체 추정한 브라질 월드컵의 총 온실가스 배출량은 272만 톤. 이 가운데 국제 운송이 138만 톤으로 전체의 50.6%를 차지했어요.

온실가스는 일상생활에서도 발생합니다. 휴대전화로 매일 1시간씩 1년 동안 통화하면 79kg, 텔레비전을 1시간 틀면 88g이 나와요. 그러나 한국 팀을 응원하러 인천공항에서 상파울루까지 왕복하면 1인당 9.2톤의 이산화탄소가 배출됩니다. 브라질에 한 번 갔다 오는 것은 116년 동안 휴대전화로 통화하거나, 텔레비전을 수십만 명이 시청하는 것과 마찬가지예요.

탄소발자국을 줄여야 한다면서 응원하러 경기장에 가지 말라고 할 수는 없는 일입니다. 하지만 월드컵 경기 중 최대한 환경을 덜 파괴하도록 노력해야 합니다. 경기장 간 이동을 대중교통으로 하거나, 일회용품 사용을 줄이는 등 다양한 시도가 모이면 환경을 보호하는 데 큰 도움이 됩니다.

- 리우데자네이루 올림픽 골프장은 코엑스몰의 2배가 넘는 넓이의 생태보호구역에 지어졌고, 올림픽 이후 버려질 거라는 우려대로 현재 찾는 사람이 거의 없다.
- 소치와 나가노는 동계올림픽을 준비하기 위해 산악지대를 파괴했다.
- 평창 동계올림픽으로 훼손된 가리왕산의 환경을 되살리기 위해서는 오랜 시간과 투자가 필요하다.
- 평창 동계올림픽을 위해 지은 6개의 경기장은 사후 활용 계획 없이 지어졌다. 경기장 유지 비용 역시 강원도에는 큰 부담이다.
- 월드컵과 올림픽은 지구온난화 주범인 이산화탄소를 많이 발생시킨다. 이를 줄이려는 노력이 필요하다.

8

CHAPTER

스포츠 대회와 갈등

스포츠로 인류를 하나로 묶는 화합의 상징인 올림픽과 월드컵. 그러나 정치·경제·
사회적인 문제로 크고 작은 갈등이 일어납니다. 올림픽 참가를 거부하거나, 대회 개
최를 반대하는 시위가 폭력 사태로 번지는 경우도 있어요.

1972년

뮌헨 올림픽 당시 한 무장 괴한 단체가 올림픽 선수촌에 침입했습니다. 그들은 이스라엘 선수를 공격해 선수 2명을 살해하고, 9명의 선수를 인질로 붙잡았습니다. 그들은 스스로를 '검은 9월단(Black September)'이라 말하며 이스라엘에 억류된 팔레스타인 포로의 석방을 요구했습니다. 올림픽 경기는 중단되었고, 독일 경찰은 테러단과 협상을 시도했어요. 그러나 협상은 실패하고 총격전이 벌어졌습니다. 그 과정에서 9명의 인질 전원이 사망하고 5명의 **테러범**과 1명의 독일 경찰이 목숨을 잃었습니다. 독일은 희생된 이스라엘 선수의 추도식이 열리는 날까지 경기를 중단했으며 올림픽기를 조기로 게양했습니다.

이것은 올림픽이 중단된 전무후무한 사건이었습니다. 테러단체가 자신들의 정치적 목적을 달성하기 위해 평화의 축제인 올림픽을 이용한 것입니다. 지금도 테러의 위협 때문에 올림픽을 포기하는 도시가 있을 정도로 테러의 공포는 여전합니다.

멕시코 학살 사건

1976년 멕시코 올림픽 개막식을 열흘 앞둔 날, 부패한 멕시코 정부를 비판

하는 시민들이 모였습니다. 3만 명의 시민은 독재정권을 포장하려는 올림픽 개최를 반대했습니다. 시위대는 "우리는 올림픽을 원하지 않는다! 우리는 혁명을 원한다!"는 구호를 외쳤습니다. 멕시코 정부는 올림픽 반대 시위를 진압하려고 군대를 투입하여 민간인에게 총을 발사했어요. 해외 언론은 시위 진압 과정에서 300~500명의 사망자가 발생한 것으로 추정했습니다. 그러나 멕시코 정부는 아무런 입장 발표 없이 올림픽 개막을 강행했습니다. 현재까지도 이 사건에 대한 정확한 조사는 이루어지지 않고 있어요.

경찰올림픽

베이징은 올림픽 개최를 위해 총 8만 명의 경찰과 전문 보안요원을 동원했습니다. 사복 경찰들은 사회 질서를 망치는 시민들의 행동을 감시했습니다. 시민운동가들을 잡아들였고, 사회운동 단체는 올림픽이 끝날 때까지 정부의 허락 없이 베이징을 방문하지 못했습니다.

브라질의 리우데자네이루도 올림픽을 앞두고 경찰 폭력 문제가 생겼어요.

전문가 의견

'올림픽의 이상'이라는 미명 아래 1936년 베를린에서 '유대인 배척 올림픽'이, 1980년 모스크바에서는 '스탈린 올림픽'이, 1988년 서울에서는 '경찰 올림픽'이 이루어졌다.

– 프랑스 월간지 〈르몽드 디플로마티크〉

리우데자이네이루시는 올림픽 유치를 위해 반테러법을 만들었고, 이를 통해 경찰은 시위대와 환경활동가들을 탄압했습니다. 주로 빈민촌이나 소외지역에 사는 젊은 흑인 남성들이 경찰에 희생되었어요. 2015년 살인 사건의 20%가 경찰에 의해 발생한 것이었으며, 한 해 동안 무려 645명의 시민이 경찰의 총에 목숨을 잃었습니다.

1988년 서울 올림픽 역시 '경찰 올림픽'이라 불렸습니다. 경찰들이 빈민가를 강제 철거했고 노점상, 노숙자, 알코올중독자, 걸인 등이 올림픽 기간 내내 수용소에 갇혀 있었습니다. 정부가 깨끗한 도시 이미지에 해를 끼친다는 이유로 그들을 가둔 것입니다.

올림픽 참가 거부

세계인이 모여 스포츠 실력을 겨루는 올림픽. 올림픽은 순수한 스포츠 대회이지만 정치·경제적 이유로 대회 참가를 거부한 나라가 많았어요. 이처럼 올림픽에 참가하지 않는 행동을 올림픽 보이콧(boycott)이라고 합니다.

최악의 올림픽 보이콧은 1980년에 일어났어요. 당시 소련, 체코, 폴란드 등 공산주의 나라와 미국, 캐나다, 일본 등 자본주의 나라의 사이가 나빴어요. 미국이 소련의 모스크바 올림픽을 거부하자 우리나라를 포함한 무려 67개 자본주의 나라가 모스크바 올림픽을 거부했지요.

4년 뒤, 소련은 모스크바 올림픽에 불참한 미국에 보복했습니다. 소련과 북한 등 11개 공산주의 나라가 LA 올림픽 불참을 선언했어요. 이처럼 전 세계 나라들이 반으로 갈라져 평화로운 축제가 열리는 것을 방해했습니다.

그 외에도 올림픽 불참 선언은 여러 번 있었습니다. 1956년 호주 멜버른

2008년 베이징 올림픽 태권도 종목에서 선수가 심판을 폭행한 사건이 일어났습니다. 쿠바의 앙헬 마토스 선수는 경기 중 부상을 당해서 1분간 휴식을 취하고 있었어요. 마토스 선수가 1분이 지나도 바닥에 계속 앉아 있자 심판은 규칙 위반으로 패배를 선언했죠. 화가 난 마토스 선수는 심판에게 발차기를 했습니다. 이 장면은 전 세계에 그대로 생중계되었어요. 나중에 IOC는 심판을 폭행한 선수에게 징계를 내렸지만, 선수가 심판을 공격한 그 충격은 아직까지 남아 있습니다.

올림픽에서는 갖가지 이유로 이집트, 이라크, 스위스, 중국, 네덜란드 등 8개 나라가 불참을 선언했어요. 도쿄 올림픽에서는 북한이, 멕시코시티 올림픽에서는 50개국이 올림픽을 보이콧했습니다.

티베트와 베이징 올림픽

베이징 올림픽의 성화가 서울을 지나던 2008년, 성화 봉송 길에서 티베트인들이 중국의 티베트 탄압과 자신들의 독립운동을 알리고 있었습니다. 그 자리에 우리나라에 거주하는 중국인들과 유학생 5천 명이 몰려와 중국 국기를 펼쳤습니다. 중국인들은 티베트 시위대의 해산을 요구하며 그들을 무차별 공격했습니다. 이를 제지하던 경찰은 물론이고 기자들과 우리나라 시민들까지 중국인들에게 폭행을 당했습니다.

그들은 이렇게 한국의 공권력인 경찰을 무시하며 무고한 시민들까지 공격했어요. 법질서를 무시한 중국인들 때문에 많은 이들이 공포에 떨었습니다.

훌리건의 빗나간 축구 사랑

훌리건(hooligan)은 축구장에서 크고 작은 폭력 사태를 일으키는 극성 축구팬입니다. 1960년대 영국의 축구장에서 본격적으로 난동을 부리기 시작했어요. 훌리건의 폭력 사태는 점점 커져 경기장뿐 아니라 도시를 점령하는 등 과격 시위로 번졌습니다.

훌리건의 난동 때문에 수많은 사상자가 발생했어요. 300여 명의 사망자가 발생한 사고를 비롯해 지금도 축구장을 나와 도시를 파괴하는 폭력 시위

사례탐구 스티븐 스필버그 감독

영화 〈인디아나 존스〉, 〈ET〉, 〈쥬라기 공원〉 등으로 유명한 세계적인 영화 감독 스티븐 스필버그. 할리우드의 거장 스티븐 스필버그 감독이 베이징 올림픽 행사의 예술고문직을 맡았습니다. 스필버그 감독이 베이징 올림픽 개회식과 폐회식 연출에 대해 조언하겠다고 발표하자 인권 단체들이 그를 압박했습니다. 중국이 수단의 **유혈 사태**를 방치했기 때문입니다.

수단의 다르푸르 학살 사태는 비극적인 사건입니다. 수단에서는 30만 명이 사망했으며, 250만 명의 난민이 발생했습니다. 중국은 수단에서 석유를 수입하는 대가로 수단 정부에 무기를 제공했습니다. 다른 나라들은 중국의 무기 공급 중단을 요구했지만, 중국은 이를 무시했어요.

인권 단체는 스필버그에게 전화하고 이메일을 보내며 강하게 항의했습니다. 스필버그는 중국에 수단 사태의 해결을 요구했지만, 중국 정부는 아무런 대답을 하지 않았어요. 결국 스필버그 감독은 성명을 통해 양심에 가책을 느껴 베이징 올림픽 예술고문직을 맡지 않겠다고 밝혔습니다.

가 심심찮게 일어납니다.

2018 월드컵 개최국인 러시아는 훌리건의 난동을 막고자 노력 중이에요. 월드컵을 앞두고 러시아 훌리건이 잉글랜드 훌리건에게 선전포고를 했기 때문입니다. 두 나라의 훌리건은 이미 2016년 유로 대회에서 맞붙었어요. 잉글랜드 팬이 러시아 팀에게 야유를 퍼붓자, 러시아 훌리건이 난동을 부려 35명이 부상당했습니다.

두 나라의 훌리건 때문에 축구팬들도 긴장하고 있어요. 영국 외교부는 월

드컵 기간 중 러시아 방문객에게 주의를 당부했어요. 두 나라의 노력으로 평
화로운 월드컵 경기가 치러지길 바랍니다.

간추려 보기

- 팔레스타인 포로 석방을 요구하는 테러범 때문에 뮌헨 올림픽에서 많은 희생자가 발생했다.
- 멕시코, 한국, 리우데자네이루, 베이징에서는 올림픽 경기 전 경찰과 시민의 충돌이 있었다.
- 냉전시대를 비롯해 정치적 이유로 올림픽 불참 선언을 한 여러 나라들이 있다.
- 러시아의 훌리건이 자국의 월드컵 대회에 참가하는 잉글랜드 훌리건에게 경고하여 두 나라는 긴장하고 있다.

위기의 스포츠 대회

환경 문제와 경제적 문제 등 여러 가지 이유로 스포츠 대회를 거부하는 나라가 늘어나고 있습니다. 주민 투표로 대회 유치를 거부하는 나라가 있고, 과격한 시위를 벌이는 시민들도 있습니다. 뮌헨에서는 올림픽 반대를 위한 시민단체가 조직되었습니다. 올림픽과 월드컵을 이대로 중단해야 할까요?

처음 시작한 올림픽은 규모가 작은 행사였어요. 주경기장에서 대부분의 경기를 치르고, 수영 종목은 강이나 바다에서 경기했어요. 지금의 올림픽은 규모가 매우 커졌습니다. 대회 내내 선수와 코치진이 먹고 마실 음식과 교통 시설, 문화 행사 등등 엄청난 돈이 필요합니다. 또한 환경 파괴에 대한 반대의 목소리도 높아집니다.

위기감을 느낀 IOC는 2014년 '올림픽 어젠다 2020'을 통해 올림픽 분산 개최를 제안했어요. 1도시 1대회 원칙을 없앤 것이죠. IOC는 올림픽 개최의 부담을 덜기 위해 다른 나라와 도시에서 함께 올림픽을 개최해도 좋다고 밝혔습니다. 그럼에도 올림픽 개최를 거부하는 도시는 점점 늘어나고 있습니다.

동계올림픽을 거부하는 도시

평창에 이어 베이징이 2022년 동계올림픽 개최지가 되었습니다. 처음 2022년 동계올림픽 유치전이 시작될 때 베이징은 동계올림픽을 개최하기 어렵다는 평가를 받았습니다. 2008년 하계올림픽을 치른 도시이기 때문이죠. 하지만 중도에 많은 나라가 포기하여 쉽게 올림픽 개최지로 선정되었습니다. 어떤 나라들이 올림픽 유치를 포기했을까요?

평창과 함께 2018년 동계올림픽 유치를 놓고 경쟁하던 뮌헨은 주민 투표를 통해 2022년 동계올림픽 거부를 결정했어요. 뮌헨에 이어 노르웨이의 오슬로와 스웨덴의 스톡홀름, 폴란드의 크라코프가 정치·경제적 이유로 유치를 포기했습니다. 크라코프는 주민 투표 결과 70%가 올림픽을 반대했습니다. 막강한 북유럽의 경쟁자들이 스스로 동계올림픽을 포기하고 마지막 결선에서는 중국의 베이징과 카자흐스탄의 알마티 두 도시만 남았고, 베이징이 쉽게 승리했어요.

하계올림픽을 거부하는 도시

하계올림픽의 상황도 크게 다르지 않아요. 2024년 하계올림픽 유치에 나선 함부르크는 올림픽 유치에 대해 주민 투표를 실시했어요. 절반이 넘는 주민이 올림픽을 거부했습니다. 시민들은 환경과 재정 문제는 물론 테러를 염려했어요. 주민 투표로 올림픽 불참을 결정한 함부르크뿐 아니라 이탈리아 로마, 헝가리 부다페스트, 미국 보스턴, 캐나다 토론토가 올림픽 반대 여론과 정치·경제적 이유로 올림픽을 포기했습니다.

2024년 하계올림픽 개최지 선정 때는 프랑스 파리와 미국 로스앤젤레스 단 두 도시만 남았어요. IOC는 두 도시에 각각 2024년, 2028년 올림픽 유치권을 주었어요. 잇따른 올림픽 유치 포기 사건 때문에 두 번의 올림픽 개최지를 한꺼번에 결정한 것입니다.

강력한 개최 거부

올림픽 개최에 보다 과격한 방법으로 반대 의견을 표시한 도시도 있습니다. 제27회 올림픽 준비 중, 암스테르담과 베를린은 올림픽을 강력히 반대했습니다. 1992년 올림픽 개최지로 암스테르담이 거론되자 시민들은 올림픽 반대 운동을 벌였어요. 암스테르담 시민들은 국제 스포츠 관계자들이 모인 장소에 달걀과 토마토를 집어던졌습니다. 시위대는 IOC 위원단의 셔틀버스를 몸으로 막기도 했어요.

1991년 베를린에서도 IOC 총회가 열렸어요. 올림픽에 반대하는 시민들은 베를린 전역에서 시위를 벌였습니다. 1,500명의 경찰이 IOC 위원들을 경호했고, 그 과정에서 21명의 시위대가 체포되었습니다. 또한 올림픽 개최를 찬성하는 은행이 시민의 공격으로 불에 탔습니다. 1993년 IOC가 올림픽 실사를 위해 베를린을 방문하자 1만여 명의 시민들이 반대 시위를 벌이며 강하게 반대했습니다. 결국 제27회 올림픽은 암스테르담과 베를린 대신 시드니에서 개최되었습니다.

브라질 월드컵 반대 시위

2014년 브라질 월드컵은 38년 만에 남미 대륙에서 열린 대회로 관심을 모았습니다. 브라질 정부는 월드컵 준비에 150억 달러(우리 돈 15조 원)를 지출했습니다. 하지만 기초적인 생활을 보장받지 못하는 브라질 시민들은 월드컵 경기장 대신 병원과 학교, 주택을 지어 달라고 요구했어요. 시민들은 한 달간의 축구 대회보다 의료, 교육, 복지 등 공공 서비스가 더 중요하다며 여러 도시에서 시위를 벌였습니다.

브라질은 월드컵 경기장과 인프라를 개발하는 과정에서 빈민촌을 강제 철거했고, 아마존 보호구역을 훼손했습니다. 집을 잃은 도시 빈민과 아마

▌ 15조 원을 들인 2014년 브라질 월드컵.

존 원주민은 삶의 터전을 돌려달라고 항의했어요. 이 과정에서 경찰과 시민들의 충돌이 여러 차례 일어났습니다. 이후 월드컵은 성공적으로 치러졌지만 공공 서비스 개선은 아직까지 해결되지 않았어요.

평창이 개최지로 선정되자 환호한 뮌헨

뮌헨은 평창과 함께 동계올림픽 개최지 선정을 놓고 경쟁했습니다. 뮌헨은 여러 가지 면에서 평창보다 유리했어요. 1936년에 동계올림픽을 치렀고, 자연 조건도 평창보다 우수했어요. 무엇보다 동계스포츠가 생활 속에 자리 잡아 국민의 관심도 높았습니다.

그러나 올림픽에 3번째 도전하는 평창과 달리 뮌헨의 여론은 올림픽에 부

사례탐구 올림픽에 3번 도전한 평창

4대 메이저 국제 스포츠 대회는 하계올림픽, 동계올림픽, 월드컵, 세계육상선수권대회입니다. 우리나라는 1988년 하계올림픽, 2002년 월드컵, 2011년 세계육상선수권대회를 치렀었죠. 우리는 마지막으로 남은 동계올림픽 유치를 위해 많은 노력을 기울였습니다.

평창 동계올림픽은 3번의 도전 끝에 성공했습니다. 첫 번째는 캐나다의 밴쿠버, 두 번째는 러시아의 소치에 패배했습니다. 마지막 세 번째는 스포츠인과 경제인, 종교인 들까지 나서 평창을 적극 홍보했습니다. 그 결과 독일의 뮌헨과 스위스의 안시를 따돌리고 개최지로 선정되었어요. 이로써 대한민국은 이탈리아, 독일, 일본, 프랑스에 이어 세계에서 다섯 번째로 4대 메이저 국제 스포츠 대회를 모두 개최한 나라가 되었습니다.

정적이었습니다. 올림픽 실사단이 뮌헨에 도착하자 올림픽에 반대하는 환경 단체들은 IOC 실사단을 푸대접했습니다. IOC 위원이 뮌헨에 모였을 때 올림픽 반대 집회가 열릴 정도였어요. 뮌헨 환경 단체가 중심이 되어 올림픽을 거부하는 '놀림피아'(www.nolympia.de) 사이트를 만들어 조직적으로 올림픽 반대 운동을 벌였습니다.

IOC의 투표에서 우리나라는 뮌헨을 큰 표 차로 누르고 올림픽 개최지로 선정되었어요. 평창의 적극적인 홍보가 있었지만, 뮌헨의 부정적 여론도 영향을 미쳤습니다. 뮌헨 올림픽 개최를 반대하던 사람들은 환호했습니다. 그들은 올림픽 반대 운동의 성공을 축하했어요. 놀림피아에서 주장하는 올림

알아 두기 뮌헨 올림픽 개최를 반대하는 18가지 이유

출처: 놀림피아 홈페이지(www.nolympia.de)

- 날씨 변화: 지구온난화로 알프스 지역도 매우 따뜻해졌다. 동계올림픽을 치르기엔 눈이 부족하다.
- 인공 눈: 결국 인공 눈을 만들어야 하는데 인공 눈은 헥타르당 7톤의 이산화탄소를 발생시킨다.
- 물 수요 급증: 30㎝ 높이의 인공 눈을 만들기 위해선 헥타르당 무려 100만ℓ의 물이 필요하다.
- 환경보호: 동계올림픽을 유치하면 경기장뿐만 아니라 도로와 주차장 건설 등으로 심각한 환경 파괴가 예상된다.
- 세계스키선수권대회: 가미슈–파르텐키르헨에서 열린 세계스키선수권대회에서도 산림이 파괴됐다.
- 경기장: 동계올림픽을 위해 경기장을 새로 지으면 기존 경기장은 아예 쓸모가 없어진다.
- 가미슈–파르텐키르헨 협소: 설상경기가 열릴 예정인 가미슈–파르텐키르헨 지역은 올림픽을 치르기에는 너무 협소하다.
- 짧은 대회 기간: 16일에 불과한 동계올림픽은 '반짝 행사'일 뿐이다.
- 교통: 동계올림픽을 위해 뮌헨과 가미슈–파르텐키르헨 사이에 도로를 새로 건설하는 것은 낭비다. 만약 도로를 건설하지 않으면 엄청난 교통 체증이 유발될 것이다.
- 경제적인 부담: 동계올림픽을 치르기 위해선 29억~35억 유로를 투자해야 한다. 하지만 수익성은 불투명하다.
- 수익성: 역대 올림픽에서 최대 수혜자는 IOC다. 스폰서로 나서는 대기업이나 부동산 업자도 돈을 벌겠지만 개최 도시는 큰 이익이 없다.

- 지역민: 부동산 가격이 크게 오르면 세입자인 지역민 중 상당수가 쫓겨날 것이다.
- 관광객: 가미슈-파르텐키르헨을 찾는 관광객 중 겨울에 스키를 즐기는 사람은 10%에 불과하다. 관광객의 60% 이상이 신선한 공기를 마시기 위해 여름에 이 지역을 찾는다.
- 독일올림픽체육회(DOSB): 독일올림픽체육회는 IOC에 동계올림픽을 신청하는 과정에서 지역민과 아무런 상의를 하지 않았다.
- 안전: 큰 행사에는 철저한 안전이 필수인 만큼 비용이 엄청나게 든다. 안전이 강화되면 주민 불편은 더욱 가중될 것이다.
- IOC: IOC와 개최 도시의 계약은 항상 불공정하다.
- 그린 올림픽: 최근 올림픽을 개최한 도시마다 '그린 올림픽'을 강조했지만 성공한 도시는 없다.
- 뮌헨시의 부채: 뮌헨은 부채가 계속 증가하고 있다.

픽을 반대하는 이유는 대부분 평창에도 적용됩니다. 평창뿐 아니라 모든 동계올림픽 개최지는 놀림피아의 주장을 고려할 필요가 있습니다.

전문가 의견

올림픽이 가져다주는 그 어떤 혜택도 우리 시의 재정적 미래를 넘겨줄 만큼의 가치는 없다.

– 미국 보스턴시

▍많은 나라에서 올림픽 등 스포츠 축제의 득과 실을 냉정하게 따지고 있다.

릴레함메르의 철저한 계획

1994년 노르웨이의 릴레함메르 올림픽은 여러 가지 면에서 성공적인 올림픽입니다. 릴레함메르는 어떻게 올림픽을 잘 치를 수 있었을까요?

맨 처음 릴레함메르 주민들은 동계올림픽 개최를 원하지 않았어요. 자연환경이 파괴되고 지역 경제가 나빠질 수 있기 때문이죠. 하지만 릴레함메르가 올림픽 개최지로 결정되자 환경을 파괴하지 않는 올림픽을 치르기 위해 주민 전체가 노력했습니다.

인구가 2만 7천 명도 되지 않는 작은 마을인 릴레함메르 주민들과 올림픽 조직위원회는 올림픽 폐막 이후 건물과 시설들을 어떤 용도로 쓸지 가장 먼저 고민했어요. 주민들은 최대한 기존 시설을 사용하기로 결정했어요. 꼭 필요한 건물은 비용이 적게 드는 가건물을 설치해 숙소로 활용한 후 매각하거나 **공공시설**로 전환하는 계획을 세웠습니다.

토네하임대학은 올림픽 숙박 시설로 사용되었고, 학교 주변에는 컨테이너 등 많은 임시 숙소가 마련됐어요. 대회가 끝난 후 숙소가 모여 있는 마을 중심가의 서비스 센터는 은퇴한 사람들을 위한 요양소와 카페, 육아시설 등으로 변신했어요. 가건물 일부는 다른 지역으로 옮겨져 기숙사나 퇴직자 숙소, 콘서트 홀, 소방서가 되었고 미디어센터는 대학으로 바뀌었습니다.

환경부터 생각한 릴레함메르

릴레함메르 주민들은 처음부터 환경을 최우선으로 생각하고 경기를 준비했습니다. 개막식과 폐막식이 열린 스키점프 아레나는 주변 환경에 영향을 주지 않도록 지형을 바꾸지 않고 그대로 이용했어요. 심지어 방송사들은 카메라를 설치하기 좋은 위치를 포기했어요. 카메라가 편한 위치를 잡기 위해서는 나뭇가지를 쳐내야 하는데 올림픽조직위원회가 허락하지 않았기 때문입니다. 메달은 릴레함메르 건설 현장에서 나온 돌로 만들어 금과 은으로 장식했고, 메달 스탠드도 얼음으로 만들어 경기 후에 다 녹아 없어졌어요.

올림픽 기간 동안 새벽 6시부터 밤 9시까지 릴레함메르 근처에 자가용 운행이 금지됐습니다. 식당에서는 종이 대신 감자 전분으로 만든 일회용 식기를 사용했어요. 나중에 일회용 그릇은 돼지 사료로 재활용되었습니다. 심지어 바이애슬론 선수들이 경기에서 발사한 총알도 재활용되었습니다.

처음에 하마르 주경기장은 철새 보호구역 부근에 짓기로 결정되었습니다. 하지만 환경 단체와 주민들이 보호구역으로부터 최대한 멀리 떨어져야 한다며 항의했어요. 릴레함메르는 이들의 의견을 존중해 위치를 바꿨어요. 경기장 출입구도 보호구역 쪽으로 내지 않고, 보호구역과 경기장 사이에 나무를 심어 완충지대를 만들었습니다.

사마란치 IOC 위원장은 릴레함메르 올림픽을 "White-Green Games"라며 칭찬했습니다. 최대한 자연을 보존하며 치른 릴레함메르에는 올림픽이 끝난 이후에도 아름다운 자연풍광을 보러 많은 관광객들이 찾아옵니다. 꾸준한 관광 수요 덕분에 릴레함메르는 적자에 허덕이지 않습니다. 릴레함메르의 성공은 주민들이 한마음으로 환경 올림픽을 위해 힘쓴 결과입니다. 주민들은 과시하기 위한 화려한 국제행사 대신, 내가 사는 마을에서 열리는 잔치를 마련했습니다. 앞으로 올림픽을 여는 다른 나라에서도 릴레함메르의 교훈을 기억해야 합니다.

간추려 보기

- 주민 투표를 통해 올림픽 참가 거부 의사를 밝힌 도시가 많다.
- 암스테르담과 베를린 주민이 강력하게 항의하여 27회 올림픽은 시드니에서 열렸다.
- 평창과 함께 동계올림픽 유치를 놓고 경쟁한 뮌헨은 환경 단체를 중심으로 올림픽 반대 운동을 펼쳤다. 뮌헨의 부정적인 여론은 올림픽 개최지 결정에 영향을 미쳤다.
- 릴레함메르는 성공적인 올림픽을 치렀다. 주민들은 환경을 최우선으로 경기를 준비했고, 올림픽 시설은 이후 공공시설로 탈바꿈했다.

용어 설명

공공시설 국가나 지방자치단체에서 지역 주민에게 편리를 제공하고 누구나 쉽게 이용할 수 있게 만든 시설. 공립 학교, 공립 병원, 국공립 도서관, 시·도민 회관, 도로, 공원, 주민 체육 시설, 구민회관, 노인병원, 주민 체육 시설, 어린이 도서관 등이 있다.

국가 신인도 한 국가의 정치, 경제, 문화, 군사 등을 종합적으로 평가하여 대외 신뢰도를 등급으로 나타낸 것.

국립공원 국가에서 지정하여 관리하고 보호하는 공원. 국가는 자연과 유적지, 희귀한 동식물을 보호하고 국민의 보건·휴양 및 정서 생활 향상에 이바지할 목적으로 국립공원을 지정한다.

국제노동기구, 국제노동조합연맹 노동자의 노동조건 개선 및 지위 향상을 위해 설치된 국제연합의 전문기구.

노동법 노동자의 권익 보호 및 보장과 사용자의 관계 및 근로조건 등을 규정하는 법.

독점권 개인이나 하나의 단체가 다른 경쟁자를 배제하고 시장을 지배하여 이익을 독차지하는 경제적 권한.

보이콧(boycott) 부당한 행위에 대항하기 위하여 정치, 경제, 사회, 노동 분야에서 조직적, 집단적으로 벌이는 거부 운동. 올림픽 보이콧이란 올림픽 경기 대회에 불참하는 것을 말한다.

상업주의 이윤 추구를 목적으로 하는 주의. 자본주의 사회에서는 물질적인 사용 가치뿐만 아니라 교육, 예술, 사상, 이데올로기, 도덕 및 인간 존재 그 자체가 최대한의 이윤 실현의 수단이 된다. 본래 이윤 추구의 장이 될 수 없는 의료, 복지, 종교 등의 영역으로까지 도의적 한계를 넘어서 자본의 논리가 침투해 들어간다.

스캔들(scandal) 매우 충격적이고 부도덕한 사건, 불명예스러운 평판이나 소문.

시청률 특정 시간 동안 TV를 시청하는 집이나 사람을 백분율(%)로 표시한 것. 방송사에서 프로그램을 평가하고 편성하는 기초 자료로 사용하고, 광고사는 광고 효과를 평가하여 광고 전략을 세우는 데 활용한다.

유혈 사태 피를 보게 된 상황. 싸움이나 시위대의 충돌 등으로 사상자가 발생했을 때 쓰는 용어이다.

인프라 사회적 생산기반, 경제활동의 기반을 형성하는 기초적인 시설. 도로, 항만, 공항 등과 같은 경제활동에 밀접한 사회자본을 가리키는데 최근에는 학교나 병원, 공원과 같은 사회복지 및 생활환경 시설 등 사회간접자본도 포함되는 개념으로 인식되고 있다.

자책골 구기 종목, 특히 축구에서 자책골이란 선수가 차거나 다른 행동을 하여 공이 선수의 골대로 들어가 상대편의 득점으로 기록되는 경우를 말한다.

중계권료 텔레비전 방송국이 스포츠 등의 실황을 중계할 때 주최자 측에 지불하는 중계권료. 스포츠 실황중계가 주종을 이루며, 많은 국제 경기연맹과 국내 경기단체의 주요한 재원이 된다.

철거민 행정상, 군사상의 이유나 재개발 따위로 인하여 자신이 주거하던 건물이 철거된 사람.

탄소발자국 개인, 기업, 국가 등이 상품이나 서비스를 생산하고 소비하는 전체 과정을 통해 발생시키는 온실가스, 특히 이산화탄소의 총량을 의미한다.

테러범 정치적, 사회적 목적을 달성하기 위해 불법적 폭력을 사용해 정부나 시민들을 협박 및 강요하는 것이 테러리즘이며, 테러리즘에 따라 행동하는 사람이 테러범이다.

파시즘(fascism) 파시즘은 이탈리아어 파쇼(fascio)에서 유래한 말이다. 원래 이 말의 의미는 '묶음'이었으나, '결속' 또는 '단결'의 뜻으로 쓰인다. 1919년 이탈리아의 무솔리니가 주장한 국수주의적, 권위주의적, 반공인 정치적 주의 및 운동을 말한다.

연표

기원전	776년	고대 올림픽 시작
	393년	로마의 테오도시우스 황제가 종교적 이유로 올림픽 중단 선언
서기	1896년	쿠베르탱 남작이 근대 올림픽 시작
	1900년	제2회 파리 올림픽. 처음으로 27명의 여성이 올림픽에 출전.
	1904년	제3회 세인트루이스 올림픽. 유색인종이 올림픽에 구경거리로 등장.
	1934년	이탈리아 월드컵. 무솔리니의 횡포 아래 개최국인 이탈리아가 우승.
	1936년	제11회 베를린 올림픽. 히틀러가 올림픽을 나치의 선전장으로 이용.
	1968년	1968년 제10회 그르노블 동계올림픽. 불법 약물 복용으로 인한 부작용 때문에 도핑테스트 시작.
	1972년	제20회 뮌헨 올림픽. 검은 구월단이 이스라엘 선수단을 상대로 팔레스타인 포로 석방을 요구하며 인질 테러를 벌임.
	1980년	제22회 모스크바 올림픽. 소련의 아프가니스탄 침공에 항의차 미국, 일본, 중국 등 66개국이 불참.

1984년   제23회 LA 올림픽. 모스크바 올림픽 불참에 대한 보복으로 소련을 비롯한 동유럽권 국가와 북한, 쿠바 등 11개국이 불참.

1988년   제24회 서울 올림픽. 일부 올림픽 종목에 프로선수 출전 허용. 서머타임 실시.

1994년   미국 월드컵. 콜롬비아의 에스코바르가 미국과의 예선전에서 자책골을 넣어 패배. 경기 후 고국으로 돌아와 총에 맞아 사망.

1998년   프랑스 월드컵. 공식 축구공인 트리콜로가 제3세계 어린이들에 의해 헐값으로 만들어진 사실이 밝혀져 아디다스가 사과함.

2002년   제19회 솔트레이크시티 동계올림픽. 개최지 선정 과정에서 IOC가 뇌물을 받은 사실이 밝혀져 9명의 의원이 직위를 잃음.

2008년   제29회 베이징 올림픽. 중국인과 티베트 시위대가 충돌하여 유혈사태 발생.

2014년   브라질 월드컵. 시민들이 월드컵 준비 대신 의료, 복지를 위한 공공 서비스를 늘려 달라며 반대 시위를 벌임.

2015년   FIFA가 기업가들이 제공한 뇌물을 받아 미국 법원에 기소됨.

2018년   제23회 평창 동계올림픽. 러시아 선수단이 2014년 소치 동계올림픽에서 국가 주도의 불법 약물 투여로 징계를 받아 국기 대신 올림픽 깃발을 들고 입장.

2022년 개최 예정인 카타르 월드컵을 위해 경기장이 건설되고 있음. 1천 명 이상의 노동자가 건설 현장에서 사망.

더 알아보기

국제올림픽위원회 https://www.olympic.org/

1896년 설립된 단체. 올림픽 대회와 각종 올림픽 활동에 관한 내용을 확인할 수 있다. 올림픽 대회 종목, 경기 규칙, 회원국을 비롯해 올림픽에 대한 공식적인 세부 사항이 소개되어 있다.

국제축구연맹 http://www.fifa.com/worldcup/

1904년 파리에서 결성된 단체. 전 세계의 축구 종목 관리를 총괄하며 4년에 한 번 열리는 월드컵을 비롯해 여러 대회를 운영하고 있다. 월드컵 관련 역사와 정보가 소개되어 있으며, FIFA의 나라별 축구 랭킹을 온 세계가 주목한다.

놀림피아 www.nolympia.de

뮌헨 동계올림픽 개최에 반대하는 시민연대가 제작한 사이트. 환경 단체와 농민 중심으로 뮌헨 올림픽에 반대하는 18가지 이유와 함께 함부르크, 보스턴 올림픽 반대운동 사이트가 링크되어 있다.

평창 올림픽 반대 연대 http://noolympic2018.blogspot.kr/
평창 동계올림픽을 앞두고 올림픽의 여러 가지 폐해를 알리기 위해 운영되었다. 환경 파괴, 강제 퇴거, 노동자 인권, 기업의 이익 등 올림픽 행사에 가려진 이면을 분석했다.

그린피스 http://www.greenpeace.org
국제 환경보호 단체. 해양 보호, 플라스틱 줄이기, 대체 에너지 등 지구 환경에 관련된 여러 가지 캠페인을 벌이는 단체. 올림픽 관련 재생 가능한 에너지의 중요성을 역설한다. 지구온난화로 동계올림픽이 사라질지 모르는 미래를 알리고, 지구온난화를 멈추기 위한 운동을 한다.

참고도서

도서

《올림픽 재해는 필요없다》   평창 올림픽 반대연대

《짜릿하고도 씁쓸한 올림픽 이야기》   김성호

《올림픽의 어제와 오늘》   기영노, 김강호

《동계올림픽 완전 대백과》   김성호

《사물의 민낯》   김지룡 외

《월드컵 신화와 현실》   안민석 외

《피파 마피아》   토마스 키스트너

논문

《올림픽의 상업화와 정치》   우세라(이화여자대학교 정치외교학과)

찾아보기

내인생의책은 한 권의 책을 만들 때마다
우리 아이들이 나중에 자라 이 책이 '내 인생의 책'이라고 말할 수 있는 책을 만들고자 합니다.

세상에 대하여 우리가 더 잘 알아야 할 교양

⑥⓪ **올림픽과 월드컵** 개최해야 하나?

양서윤 지음

초판 인쇄일 2018년 6월 7일 | 초판 발행일 2018년 6월 14일
펴낸이 조기룡 | 펴낸곳 내인생의책 | 등록번호 제10-2315호
주소 서울시 마포구 독막로 37
전화 (02) 335-0449, 335-0445(편집) | 팩스 (02) 6499-1165

ISBN 979-11-5723-401-1 (44300)
      978-89-97980-77-2 (세트)

책값은 뒤표지에 있습니다. 잘못된 책은 구입처에서 바꾸어 드립니다.

이 도서의 국립중앙도서관 출판시도서목록(CIP)은 e-CIP 홈페이지(http://www.ml.go.kr/ecip)에서 이용하실 수 있습니다.
(CIP제어번호:2018017277)

내인생의책에서는 참신한 발상, 따뜻한 시선을 가진 원고를 기다리고 있습니다. 원고는 내인생의책
전자우편이나 홈카페를 이용해 보내 주세요. 여러분의 소중한 경험과 지식을 나누세요.

전자우편 bookinmylife@naver.com | **홈카페** http://cafe.naver.com/thebookinmylife

어린이제품안전특별법에 의한 제품 표시
제조자명 내인생의책 | **제조년월** 2018년 6월 | **제조국** 대한민국 | **사용연령** 5세 이상 어린이 제품
주소 및 연락처 서울시 마포구 독막로 37 (02) 335-0449 | **담당 편집자** 정민규